shule - ကျောင်း 2
usafiri - ခရီးသွားသည် 5
usafiri - သယ်ယူပို့ဆောင်ရေး 8
jiji - မြို့တော် 10
mazingira - ရှုခင်း 14
mgahawa - စားသောက်ဆိုင် 17
dukakuu - စူပါမားကတ် 20
vinywaji - သောက်စရာများ 22
chakula - အစားအစာ 23
shamba - လယ်ယာ 27
nyumba - အိမ် 31
sebuleni - ညီ့ခန်း 33
jikoni - မီးဖိုချောင် 35
bafu - ရေချိုးခန်း 38
chumba ya mtoto - ကလေး အခန်း 42
nguo - အဝတ်အစား 44
ofisi - ရုံးခန်း 49
uchumi - စီးပွားရေး 51
kazi - အလုပ်အကိုင်များ 53
zana - ကိရိယာ တန်ဆာပလာများ 56
ala za muziki - ဂီတတူရိယာများ 57
bustani ya wanyama - တိရိစ္ဆာန်ရုံ 59
michezo - အားကစားများ 62
shughuli - လှုပ်ရှားမှုများ 63
familia - မိသားစု 67
mwili - ကိုယ်ခန္ဓာ 68
hospitali - ဆေးရုံ 72
dharura - အရေးပေါ် 76
dunia - ကမ္ဘာမြေကြီး 77
saa - နာရီ 79
wiki - ရက်သတ္တပတ် 80
mwaka - နှစ် 81
maumbo - ပုံစံများ 83
rangi - အရောင်များ 84
kinyume - ဆန့်ကျင်ဖက်များ 85
nambari - နံပါတ်များ 88
lugha - ဘာသာစကားများ 90
ambao / nini / jinsi - ဘယ်သူ / ဘာ / ဘယ်လိုပုံ 91
wapi - ဘယ်နေရာလဲ 92

Impressum
Verlag: BABADADA GmbH, Nedderfeld 112 , 22529 Hamburg
Geschäftsführer / Verlagsleitung: Harald Hof
Druck: Books on Demand GmbH, In de Tarpen 42, 22848 Norderstedt

Imprint
Publisher: BABADADA GmbH, Nedderfeld 112 , 22529 Hamburg, Germany
Managing Director / Publishing direction: Harald Hof
Print: Books on Demand GmbH, In de Tarpen 42, 22848 Norderstedt

shule
ကျောင်း

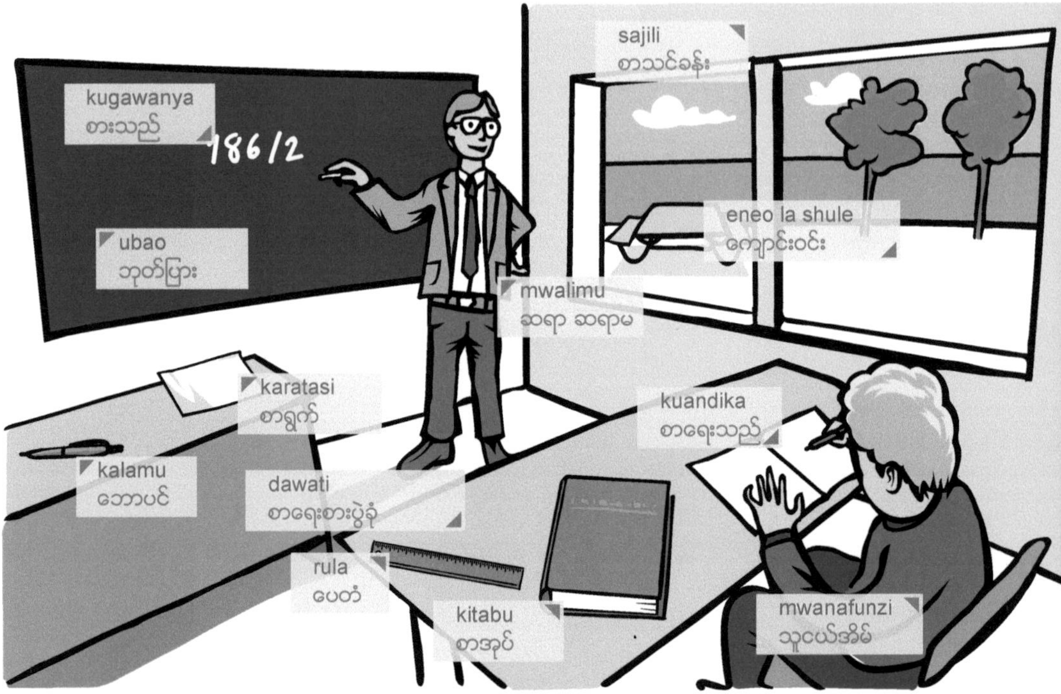

sajili
စာသင်ခန်း
kugawanya
စားသည်
186/2
ubao
ဘုတ်ပြား
eneo la shule
ကျောင်းဝင်း
mwalimu
ဆရာ ဆရာမ
karatasi
စာရွက်
kuandika
စာရေးသည်
kalamu
ဘောပင်
dawati
စာရေးစားပွဲခုံ
rula
ပေတံ
kitabu
စာအုပ်
mwanafunzi
သူငယ်အိမ်

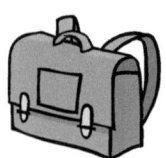

mkoba

အဖုံးပါ ဘေးလွယ်အိတ်

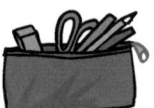

kikasha cha penseli

ခဲတံဘူး

penseli

ခဲတံ

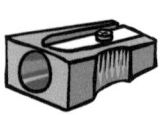

kichonga penseli

ချွန်စက်

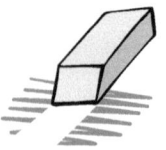

mpira

ခဲဖျက်

pedi ya kuchora

ပုံဆွဲစာအုပ်

uchoraji

ပုံဆွဲခြင်း

brashi ya rangi

ဆေးခြယ်သည့် စုပ်တံ

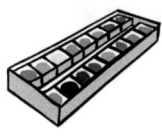

sanduku la rangi

အရောင်စုံ ပုံး

mkasi

ကပ်ကြေး

gundi

ကော်

daftari

လေ့ကျင့်ခန်းစာအုပ်

kazi ya nyumbani

အိမ်စာ

12

nambari

နံပါတ်

2+2

jumlisha

ပေါင်းသည်

5-2

ondoa

နုတ်သည်

2×2

zidisha

မြှောက်သည်

kokotoa

တွက်ပါ

A

barua

စာ

ABCDEFG
HIJKLMN
OPQRSTU
VWXYZ

alfabeti

အက္ခရာ

hello

neno

စကားလုံး

maandishi

ဖတ်စာအုပ်

kusoma

ဖတ်သည်

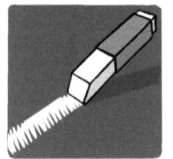

chaki

မြေဖြူ

somo

သင်ခန်းစာ

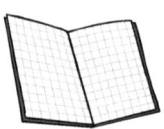

sajili

ကျောင်းခေါ် ချိန်
မှတ်တမ်းစာအုပ်

uchunguzi

စာမေးပွဲ

cheti

အထောက်အထားလက်မှတ်

sare za shule

ကျောင်းဝတ်စုံ

elimu

ပညာရေး

elezo

စွယ်စုံကျမ်း

chuo kikuu

တက္ကသိုလ်

darubini

အနကြည့်မှန်ပြောင်း

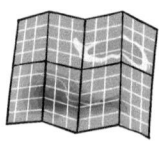

ramani

မြေပုံ

kikapu cha kuweka karatasi chafu

အမှိုက်စက္ကူပုံး

hoteli
ဟိုတယ်

hosteli
ဘော်ဒါဆောင်

ofisi ya ubadilishanaji
ငွေလဲဌာန

sanduku
ခရီးဆောင်အိတ်

gari
ကား

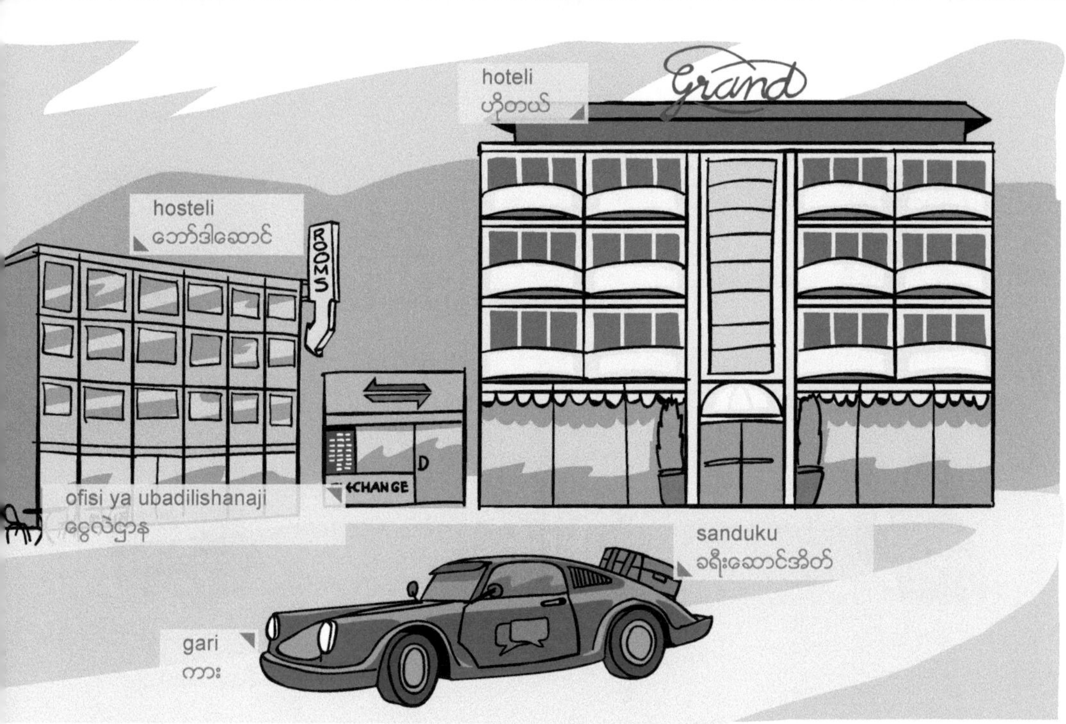

lugha

ဘာသာစကား

ndiyo / la

မှန် / မှား

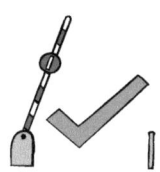

sawa

အိုကေ

hujambo

ဟယ်လို

mtafsiri

ဘာသာပြန်

Asante

ကျေးဇူးတင်ပါတယ်

kiasi gani ni ...?

......က ဘယ်လောက်လဲ။

Sielewi

ကျွန်ုပ် နားမလည်ဘူး

tatizo

ပြဿနာ

Jioni njema!

မင်္ဂလာ ညနေခင်းပါ။

Habari za asubuhi!

မင်္ဂလာ နံနက်ခင်းပါ။

Usiku mwema!

မင်္ဂလာ ညပါ။

kwa heri

ဘိုင်းဘိုင်

mwelekeo

ဦးတည်ရာ

mizigo

ခရီးဆောင်သေတ္တာ

mfuko

အိတ်

shanta

ကျောပိုးအိတ်

mgeni

ဧည့်သည်

chumba

အခန်း

begi la kulalia

တစ်ကိုယ်စာအိပ်ယာလိပ်

hema

ရွက်ထည်တဲ

taarifa ya utalii

ခရီးသွားညွှန်သည်အတွက်
သတင်းအချက်အလက်

ufuo

ကမ်းခြေ

kadi

အကြွေးဝယ်ကတ်

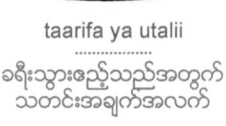

kifunguakinywa

နံနက်စာ

chakula cha mchana

နေ့လည်စာ

chakula cha jioni

ညစာ

tiketi

လက်မှတ်

kuinua

ဓာတ်လှေကား

muhuri

တံဆိပ်ခေါင်း

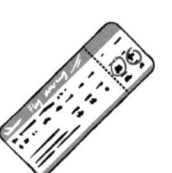

mpaka

နယ်စပ်

mila

အခွန်များ

ubalozi

သံရုံး

visa

ဗီဇာ

pasipoti

နိုင်ငံကူးလက်မှတ်

usafiri
သယ်ယူပို့ဆောင်ရေး

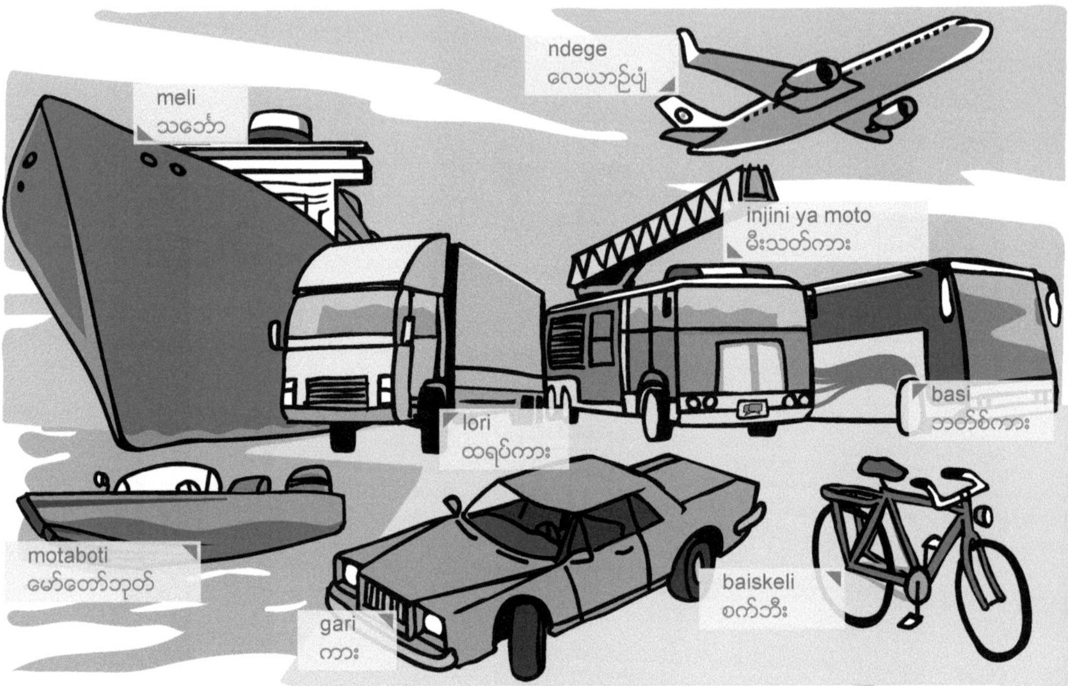
ndege
လေယာဉ်ပျံ
meli
သင်္ဘော
injini ya moto
မီးသတ်ကား
basi
ဘတ်စ်ကား
lori
ထရပ်ကား
motaboti
မော်တော်ဘုတ်
gari
ကား
baiskeli
စက်ဘီး

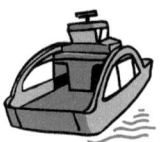

feri
ဖယ်ရီသင်္ဘော

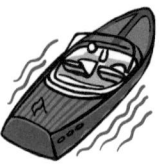

mashua
လှေ

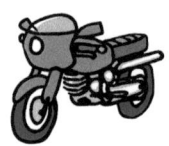

pikipiki
မော်တော်ဆိုင်ကယ်

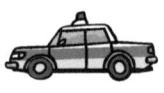

gari la polisi
ရဲကား

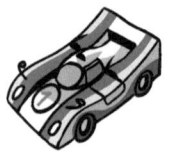

gari la mashindano
ပြိုင်ကား

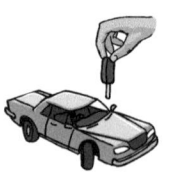

gari la kukodisha
စင်းလုံးငှားကား

kushiriki gari

ကားဝေမျှသုံးစွဲခြင်း

lori la kuvuta

ပျက်နေသော ထရပ်ကား

ukusanyaji taka

အမှိုက်သယ်ယာဉ်

motor

မော်တာ

mafuta

လောင်စာ

kituo cha mafuta

ဓာတ်ဆီဆိုင်

ishara trafiki

လမ်းကြောပြ ဆိုင်းဘုတ်

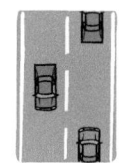

trafiki

ယာဉ်အသွားအလာ

msongamano

လမ်းကြောပိတ်ဆို့မှု

maegesho

ကားရပ်နားရာနေရာ

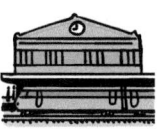

kituo cha treni

ရထားဘူတာရုံ

reli

လမ်းကြောင်းများ

garimoshi

ရထား

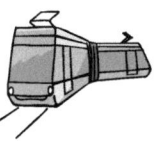

tremu

ဓာတ်ရထား

gari la mizigo

ရထားလုံး

helikopta

ဟယ်လီကော်ပီတာ

uwanja wa ndege

လေဆိပ်

mnara

တာဝါ

abiria

ခရီးသည်

chombo

ထည့်စရာပုံး

katoni

ကတ်ထူပုံး

mkokoteni

လှည်း

kikapu

ခြင်း

ondoka

ထွက်ခွာ / ဆိုက်ရောက်

jiji

မြို့တော်

kijiji

ကျေးရွာ

katikati ya jiji

မြို့လယ်ခေါင်

nyumba

အိမ်

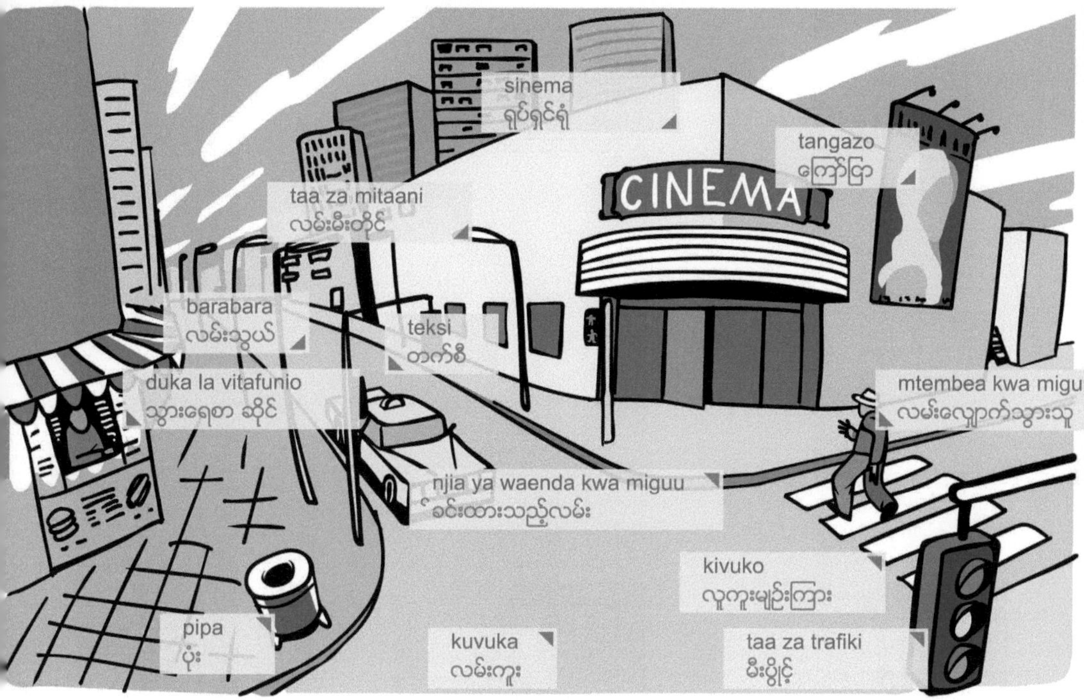

sinema
ရုပ်ရှင်ရုံ

tangazo
ကြော်ငြာ

taa za mitaani
လမ်းမီးတိုင်

barabara
လမ်းသွယ်

teksi
တက်စီ

duka la vitafunio
သွားရေစာ ဆိုင်

mtembea kwa miguu
လမ်းလျှောက်သွားသူ

njia ya waenda kwa miguu
ခင်းထားသည့်လမ်း

kivuko
လူကူးမျဉ်းကြား

pipa
ပုံး

kuvuka
လမ်းကူး

taa za trafiki
မီးပွိုင့်

kibanda

တဲအိမ်

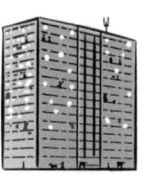

gorofa

နေအိမ်ခန်း

kituo cha treni

ရထားဘူတာရုံ

ukumbi wa mji

မြို့တော်ခန်းမ

Makavazi

ပြတိုက်

shule

ကျောင်း

chuo kikuu

တက္ကသိုလ်

benki

ဘဏ်

hospitali

ဆေးရုံ

hoteli

ဟိုတယ်

duka la dawa

ဆေးဆိုင်

ofisi

ရုံးခန်း

duka la kitabu

စာအုပ်ဆိုင်

duka

ဆိုင်

duka la maua

ပန်းရောင်းသူ၏

dukakuu

စူပါမားကတ်

soko

ဈေး

idara ya kuhifadhi

ပစ္စည်းမျိုးစုံရောင်းသည့်
စတိုးဆိုင်ကြီး

mwuza samaki

ငါးရောင်းသူ၏

kituo cha ununuzi

ဈေးဝယ်စင်တာ

bandari

သင်္ဘောဆိပ်

Hifadhi

အနားယူပန်းခြံ

benki

ထိုင်ခုံတန်း

daraja

တံတား

vidato

လှေကားထစ်များ

chini ya ardhi

မြေအောက်

handaki

ဥမင်လိုဏ်ခေါင်း

kituo cha mabasi

ဘတ်စ်ကားမှတ်တိုင်

bar

ဘား

mgahawa

စားသောက်ဆိုင်

sanduku la posta

စာတိုက်သေတ္တာ

ishara ya barabara

လမ်းဆိုင်းဘုတ်

mita ya maegesho

ကားရပ်နားခ ကောက်ခံသည့် မီတာ

bustani ya wanyama

တိရိစ္ဆာန်ရုံ

kidimbwi cha kuogelea

ရေကူးကန်

msikiti

ဗလီ

shamba

လယ်ယာ

uchafuzi

ညစ်ညမ်းမှု

makaburini

သချိုင်းကုန်း

kanisa

ဘုရားရှိခိုးကျောင်း

uwanja wa michezo

ကစားကွင်း

hekalu

ဘုရားကျောင်း

mazingira
ရှုခင်း

jani
သစ်ရွက်

ishara ya mwelekeo
ဆိုင်းဘုတ်

njia
လမ်း

malisho
မြက်ခင်း

jiwe
ကျောက်တုံး

mtembeaji wa masafa
တောင်တက်သမား

mti
သစ်ပင်

mto
မြစ်

nyasi
မြက်

ua
ပန်း

bonde

တောင်ကြား

kilima

တောင်ကုန်း

ziwa

ရေကန်

msitu

သစ်တော

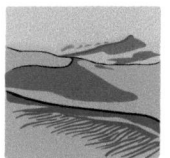

jangwa

သဲကန္တာရ

volkano

မီးတောင်

ngome

ရဲတိုက်

upinde wa mvua

သက်တန့်

uyoga

မို

mtende

ထန်းပင်

mbu

ခြင်

kuruka

ပျံသန်းသည်

chungu

ပုရွက်ဆိတ်

nyuki

ပျား

buibui

ပင့်ကူ

mende

ပိုးတောင်မာ

chura

ဖား

kuchakuro

ရှဉ့်

nungunungu

ဖြူကောင်

sungura

ယုန်

bundi

ဇီးကွက်

ndege

ငှက်

swan

ငန်း

nguruwe mwitu

တောဝက်

kulungu

သမင်

aina ya kongoni

ချိုပြားဒရယ်

bwawa

ဆည်

tabo ya upepo

လေအားသုံး
လျှပ်စစ်ဓာတ်အားပေးစက်

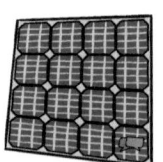

nishaji ya jua

နေရောင်ခြည်ခံပြား

hali ya hewa

ရာသီဥတု

mgahawa
စားသောက်ဆိုင်

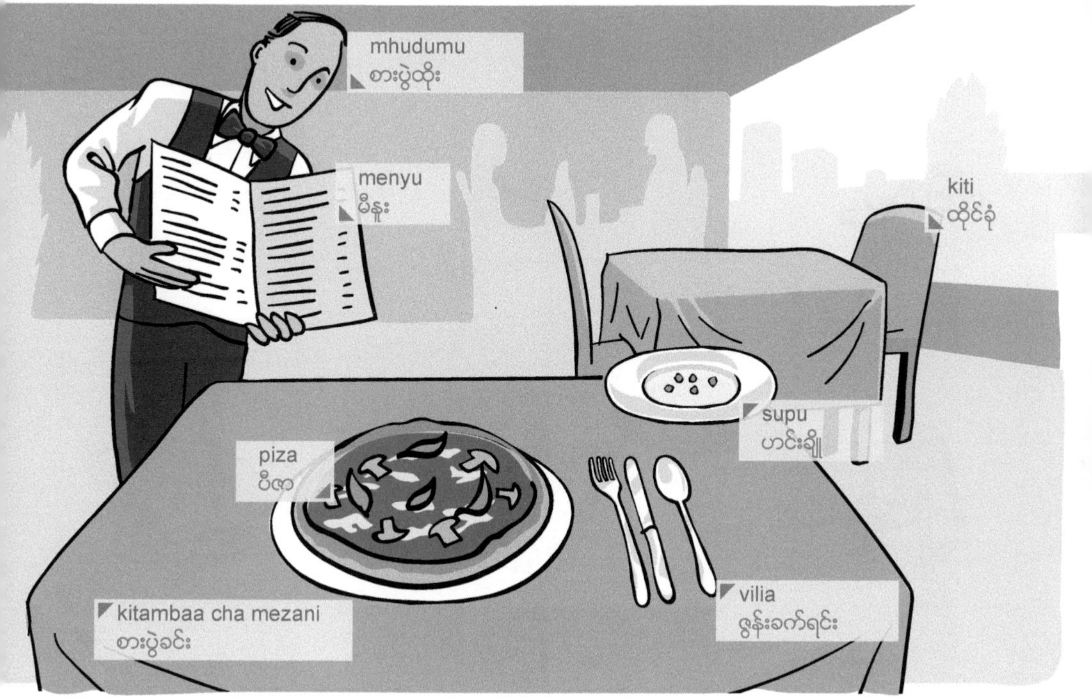

mhudumu
စားပွဲထိုး
menyu
မီနူး
kiti
ထိုင်ခုံ
supu
ဟင်းချို
piza
ပီဇာ
kitambaa cha mezani
စားပွဲခင်း
vilia
ဇွန်းခက်ရင်း

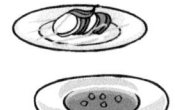

kiamsha hamu

ပထမဆုံး စားသည့် အစာ

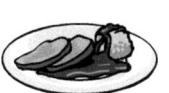

kozi kuu

ပင်မ အစာ

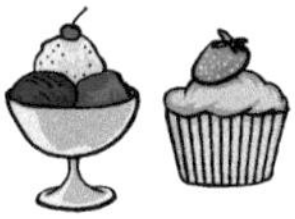

kitindamlo

အချိုပွဲ

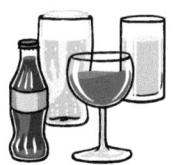

vinywaji

သောက်စရာများ

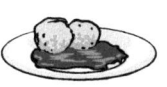

chakula

အစားအစာ

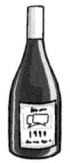

chupa

ပုလင်း

chakula cha haraka

အသင့်ပြင်ပြီးသား အစားအစာ

Streetfood

လမ်းဘေးအစားအစာ

buli

လက်ဖက်ရည်အိုး သို့မဟုတ်
ရေနွေးကြမ်းအိုး

kisanduku cha sukari

သကြားအိုး

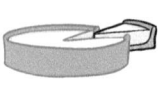

sehemu

တစ်ယောက်စာ

mashine ya espresso

အက်စ်ကက်ပရက်ဆို ကော်ဖီစက်

kiti kirefu

ထိုင်ခုံအမြင့်

muswada

ငွေတောင်းခံလွှာ

trei

ဗန်း

kisu

ဓါး

uma

ခက်ရင်း

kijiko

ဇွန်း

kijiko cha chai

လက်ဖက်ရည်ဇွန်း

nepi

လက်သုတ်ပုဝါ

glasi

ရေသောက်ဖန်ခွက်

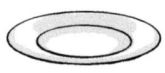

sahani
ပန်းကန်ပြား

sahani ya supu
ဟင်းချိုပန်းကန်ပြား

sufuria
ပန်းကန်ပြား

mchuzi
ဆော့စ်

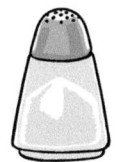

kichanyaji chumvi
ဆားအိုး

kinu cha pilipili
ငရုတ်ကောင်း ချေစက်

siki
ရှာလကာရည်

mafuta
ဆီ

viungo
ဟင်းခတ်အမွှေးအကြိုင်

kechapu
ခရမ်းချဉ်သီးဆော့စ်

haradali
မုန်ညင်းဆီဆော့စ်

kachumbari nzito
မယ်ိုးနိစ်

dukakuu
စူပါမားကတ်

ofa maalum
အထူးကမ်းလှမ်းချက်
FOR
mteja
ဖောက်သည် သို့မဟုတ် ဈေးဝယ်သူ
maziwa
နို့ထွက်ပစ္စည်း
matunda
သစ်သီး
toroli
ထရော်လီလှည်း

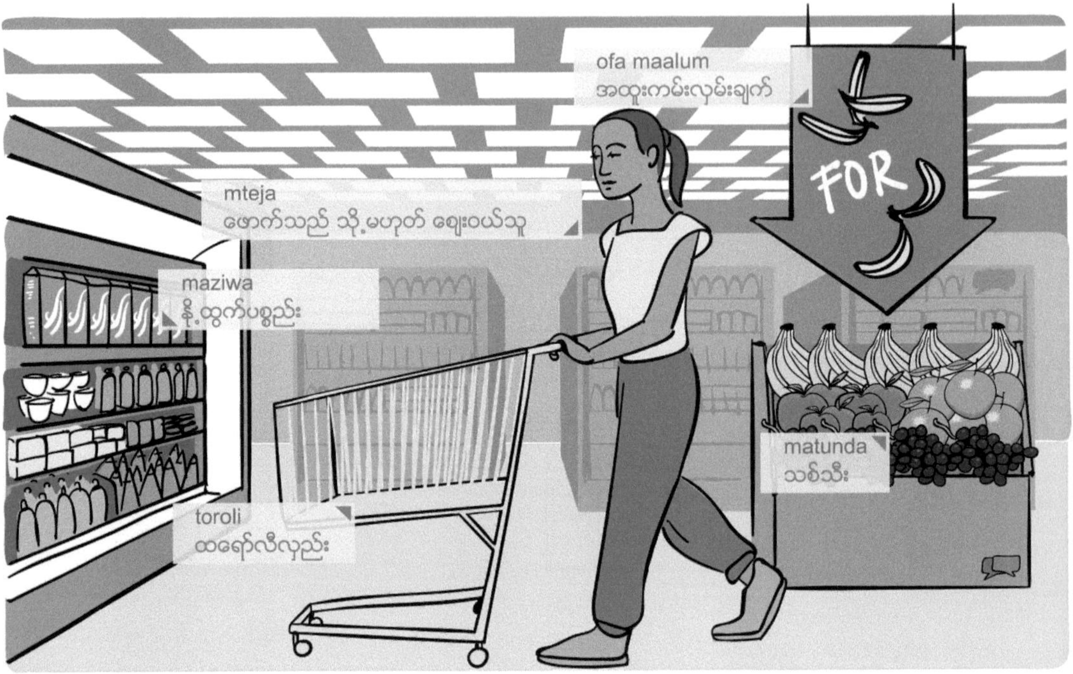

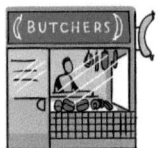

BUTCHERS

mchinjaji

သားသတ်သမား၏

BAKERY

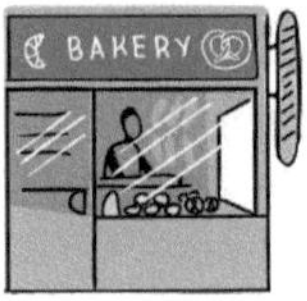

mwokaji

မုန့်ဖုတ်သမား၏

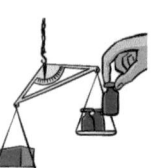

uzito

အလေးချိန်သည်

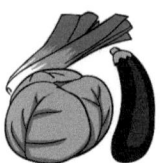

mboga

ဟင်းသီးဟင်းရွက်

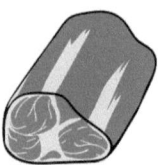

nyama

အသား

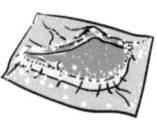

chakula waliohifadhiwa

အေးခဲထားသည့် အစားအစာ

vipande vya nyama baridi

ခြင်ဆင်ထားသော အသားအေး

chakula cha kopo

သံဗူးသွပ် အစားအစာ

sabuni ya unga

ဆပ်ပြာမှုန့်

pipi

သကြားလုံးများ

bidhaa za kaya

အိမ်သုံး ပစ္စည်းများ

bidhaa za kusafisha

သန့်ရှင်းရေး ပစ္စည်းများ

mtu mauzo

ဈေးရောင်းသူ

mpaka

အထိ

keshia

ငွေကိုင်

orodha ya manunuzi

ဈေးဝယ်စာရင်း

masaa ya ufunguzi

ဖွင့်ချိန်နာရီများ

mkoba

အိတ်ဆောင် ပိုက်ဆံအိတ်

kadi

အကြွေးဝယ်ကတ်

mfuko

အိတ်

mfuko wa plastiki

ပလတ်စတစ်အိတ်

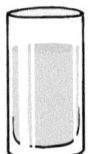

maji

ရေ

sharubati

သစ်သီးဖျော်ရည်

maziwa

နွားနို့

coke

ကိုကာကိုလာ

mvinyo

ဝိုင်

bia

ဘီယာ

pombe

အရက်

kakao

ကိုကိုးမှုန့်

chai

လက်ဖက်ရည် သို့ မဟုတ်
ရေနွေးကြမ်း

kahawa

ကော်ဖီ

spreso

အက်စ်ပရက်ဆို ကော်ဖီ

kapuchino

ကပူချီနိုကော်ဖီ

ndizi

ငှက်ပျောသီး

tufaha

ပန်းသီး

machungwa

လိမ္မော်သီး

tikiti

ဖရဲသီးမျိုးဝင်

lemon

သံပုယိုသီး

karoti

မုန်လာဥနီ

kitunguu saumu

ကြက်သွန်ဖြူ

mianzi

မျှစ်

kitunguu

ကြက်သွန်နီ

uyoga

မှို

karanga

ပဲစေ့များ

nudo

ခေါက်ဆွဲ

spageti

စပါဂီတီ ခေါ် အီတလီ ခေါက်ဆွဲ

mpunga

ထမင်း

saladi

ဆလပ်ရွက်သုတ်

vibanzi

အကြွပ်ကြော်များ

viazi vya kukaanga

အာလူးကြော်

piza

ပီဇာ

hambaga

ဟမ်ဘာဂါ

sandwichi

အသားညှပ်ပေါင်မုန့်

kipande

ကတ်တလိပ်

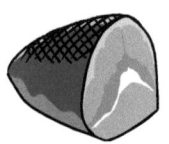

paja la mnyama

ဝက်ပေါင်ခြောက်

salami

ဆလာမီ

soseji

ဝက်အူချောင်း

kuku

ကြက်သား

choma

ရှို့စ်လုပ်ခြင်း

samaki

ငါး

oats ya uji

ကွေကာအုတ်

muesli

မျူးစလီ

cornflakes

ပြောင်းစေ့ပြား

unga

ဂျုံမှုန့်

kroisanti

ခရာဆွန်း ခေါ်
ပြင်သစ်ပေါင်မုန့်တစ်မျိုး

andazi

ပေါင်မုန့်လိပ်

mkate

ပေါင်မုန့်

mkate wa kubanika

ပေါင်မုန့်မီးကင်

biskuti

ဘီစကစ်

siagi

ထောပတ်

maziwa mgando

ဒိန်ခဲ

keki

ကိတ်မုန့်

yai

ဥ

yai kukaanga

ဥကြော်

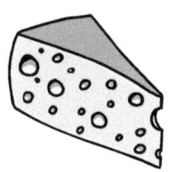

jibini

ချိစ်

aiskrimu

ရေခဲမုန့်

sukari

သကြား

asali

ပျားရည်

jemu

ယို

kuenea kwa chokoleti

ယိုသုတ်စားသည့် ချောကလက်

mchuzi wa viungo

ဟင်း

shamba
လယ်ယာ

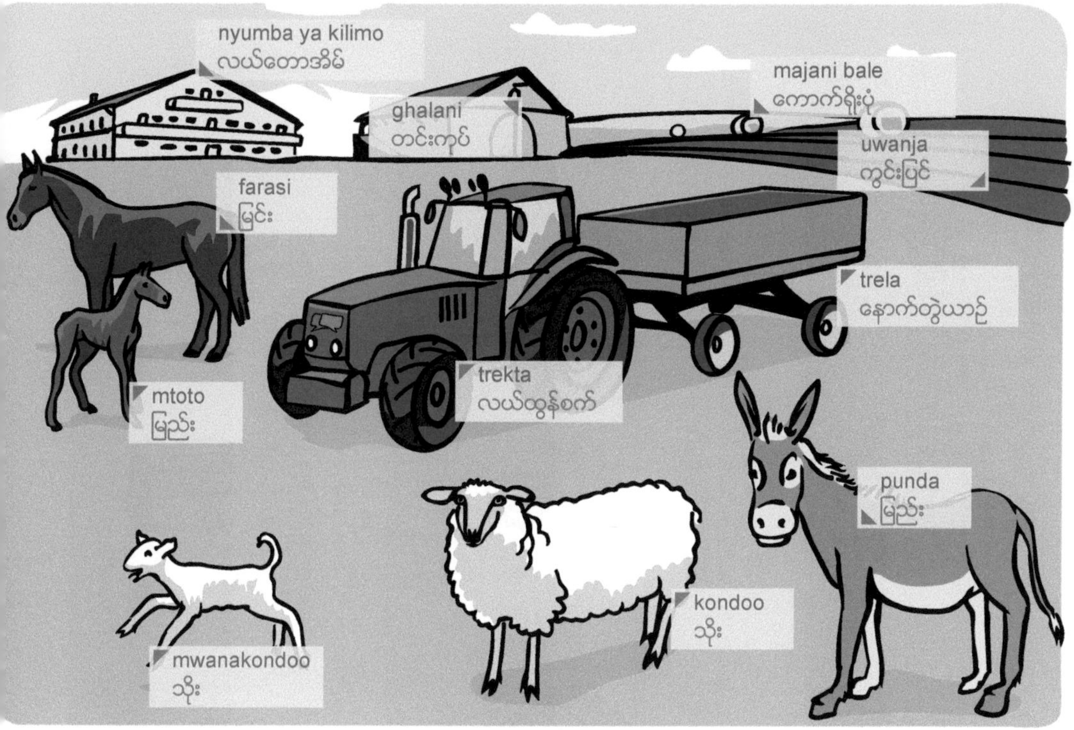

nyumba ya kilimo
လယ်တောအိမ်
ghalani
တင်းကုပ်
majani bale
ကောက်ရိုးပုံ
uwanja
ကွင်းပြင်
farasi
မြင်း
trela
နောက်တွဲယာဉ်
trekta
လယ်ထွန်စက်
mtoto
မြည်း
punda
မြည်း
kondoo
သိုး
mwanakondoo
သိုး

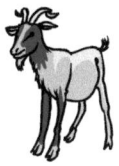

mbuzi

ဆိတ်

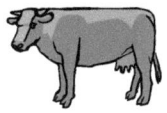

ng'ombe

နွားမ

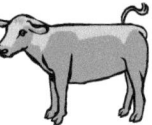

ndama

နွားလေး

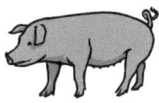

nguruwe

ဝက်

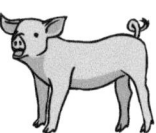

mwananguruwe

ဝက်ကလေး

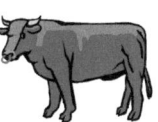

fahali

နွားထီး

batabukini

ဘဲငန်း

bata

ဘဲ

kifaranga

ကြက်ပေါက်ကလေး

kuku

ကြက်မ

jogoo

ကြက်ဖ

panya

ကြွက်

paka

ကြောင်

panya

ကြွက်ကလေး

ng'ombe

နွားထီး

mbwa

ခွေး

nyumba ya mbwa

ခွေးအိမ်

bomba la bustani

ပန်းခြံရေပိုက်

debe la kumwagilia maji

ရေလောင်းသည့်ခွက်

fyekeo

တံစဉ်အပြားကြီး

kulima

ထယ်

mundu

တံစဉ်

jembe

ပေါက်ပြား

uma wa nyasi

ကောက်ဆွ

shoka

ပေါက်ချွန်း

toroli

ဘီးတပ် လက်တွန်းလှည်း

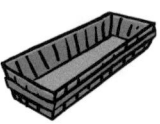

kupitia nyimbo

စားခွက်

chombo cha maziwa

နို့ပုံး

gunia

အိတ်

ua

ခြံစည်းရိုး

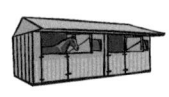

imara

မြင်းဇောင်း

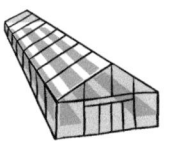

chafu

မှန်လုံအိမ်

udongo

မြေကြီး

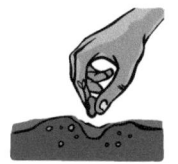

mbegu

အစေ့

mbolea

မြေသြဇာ

kivunaji

စုပေါင်း ရိတ်သိမ်းသူ

shamba - လယ်ယာ

mavuno

ရိတ်သိမ်းသည်

mavuno

ရိတ်သိမ်းသည်

viazi vikuu

ပီလောပိန်

ngano

ဂျုံ

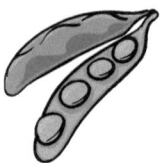

soya

ˋပဲပုပ်

viazi

အာလူး

mahindi

ပြောင်း

rapa

နံစားပြောင်းဆီ

mti wa matunda

အသီးပင်

muhogo

ပီလောပိန်

nafaka

စီရီရယ် ခေါ် နံနက်စာတစ်မျိုး

nyumba
အိမ်

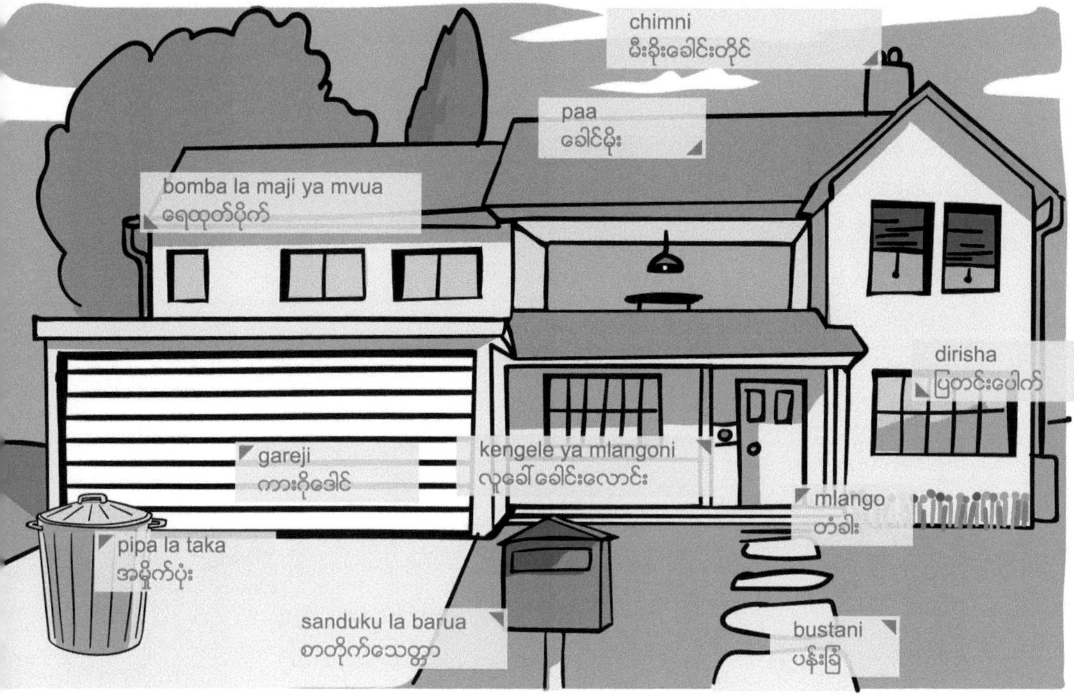
chimni
မီးခိုးခေါင်းတိုင်
paa
ခေါင်မိုး
bomba la maji ya mvua
ရေထုတ်ပိုက်
dirisha
ပြတင်းပေါက်
gareji
ကားဂိုဒေါင်
kengele ya mlangoni
လူခေါ်ခေါင်းလောင်း
mlango
တံခါး
pipa la taka
အမှိုက်ပုံး
sanduku la barua
စာတိုက်သေတ္တာ
bustani
ပန်းခြံ

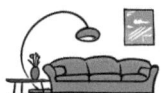

sebuleni

ဧည့်ခန်း

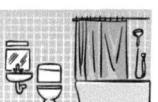

bafu

ရေချိုးခန်း

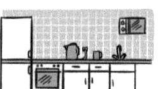

jikoni

မီးဖိုချောင်

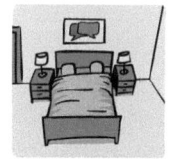

chumba cha kulala

အိပ်ခန်း

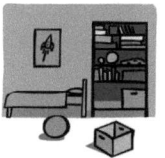

chumba ya mtoto

ကလေး အခန်း

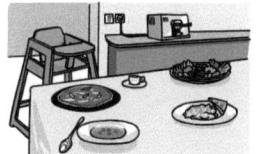

chumba cha kulia

ထမင်းစားခန်း

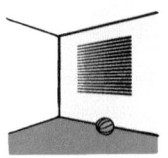

sakafu

ကြမ်းပြင်

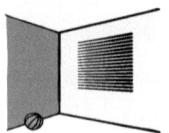

ukuta

နံရံ

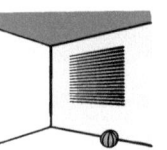

dari

မျက်နှာကြက်

pishi

မြေအောက်ခန်း

sauna

ချွေးထုတ်ခန်း

roshani

ဝရန်တာ

mtaro

ဝရန်တာ

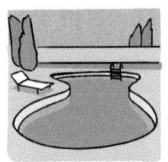

kidimbwi

ရေကူးကန်

mashine ya kukata nyasi

မြက်ရိတ်စက်

karatasi

အခြပ်

kitambaa cha kupamba
kitanda

အိပ်ယာခင်း

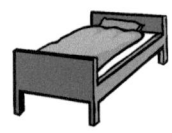

kitanda

အိပ်ယာ

ufagio

တံမြက်စည်း

ndoo

ရေပုံး

kubadili

မီးခလုတ်

sebuleni
ဧည့်ခန်း

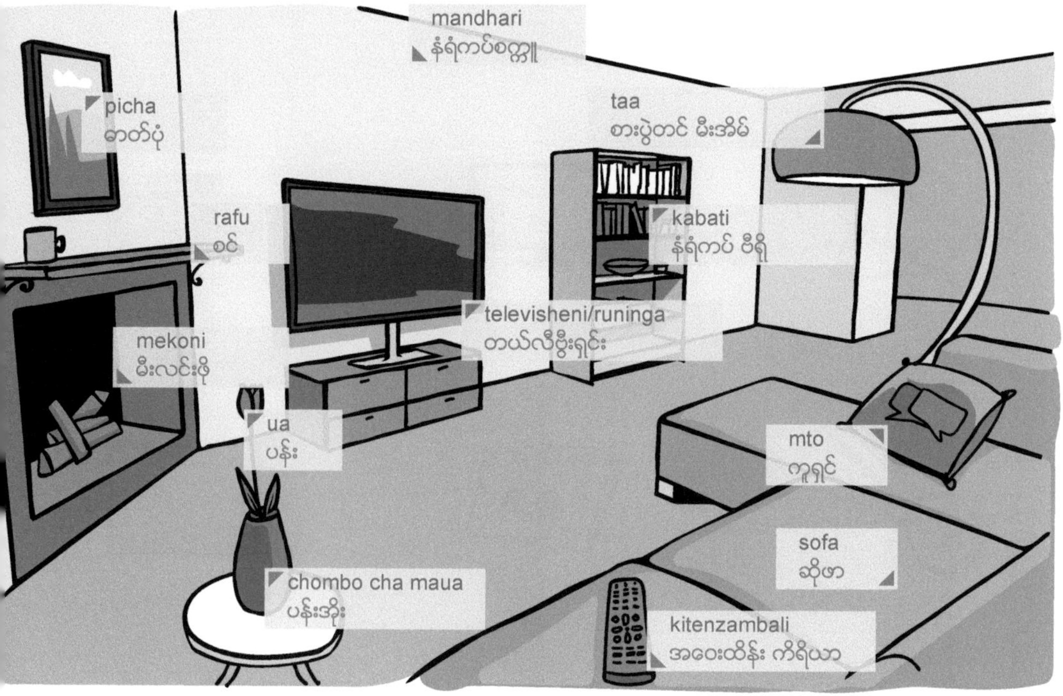

mandhari
နံရံကပ်စက္ကူ
picha
ဓာတ်ပုံ
taa
စားပွဲတင် မီးအိမ်
rafu
စင်
kabati
နံရံကပ် ဗီရို
televisheni/runinga
တယ်လီဗွီးရှင်း
mekoni
မီးလင်းဖို
ua
ပန်း
mto
ကူရှင်
sofa
ဆိုဖာ
chombo cha maua
ပန်းအိုး
kitenzambali
အဝေးထိန်း ကိရိယာ

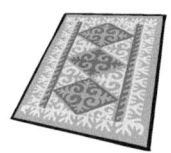

zulia

ကော်ဇော

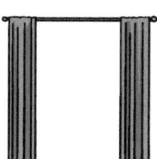

pazia

ကန့်လန့်ကာ

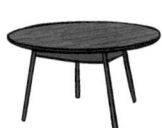

meza

စားပွဲခုံ သို့မဟုတ် ဇယား

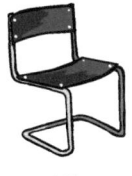

kiti

ထိုင်ခုံ

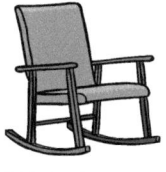

kiti cha bembea

ရှေ့နောက် ယိမ်းနိုင်သည့် ထိုင်ခုံ

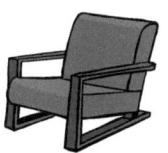

armchair

လက်တင်ထိုင်ခုံ

kitabu

စာအုပ်

blanketi

စောင်

mapambo

အပြင်အဆင်

kuni

ထင်း

filamu

ဖလင် သို့မဟုတ် ရုပ်ရှင်

kifaa cha hi-fi

ဟိုင်ဖိုင် ကိရိယာ

ufunguo

သော့

gazeti

သတင်းစာ

uchoraji

ပန်းချီကား

bango

ပိုစတာ

redio

ရေဒီယို

daftari

မှတ်စုစာရွက်အုပ်

kifyonza

ဖုံစုပ်စက်

dungusi kakati

ရှားစောင်းပင်

mshumaa

ဖယောင်းတိုင်

jikoni
မီးဖိုချောင်

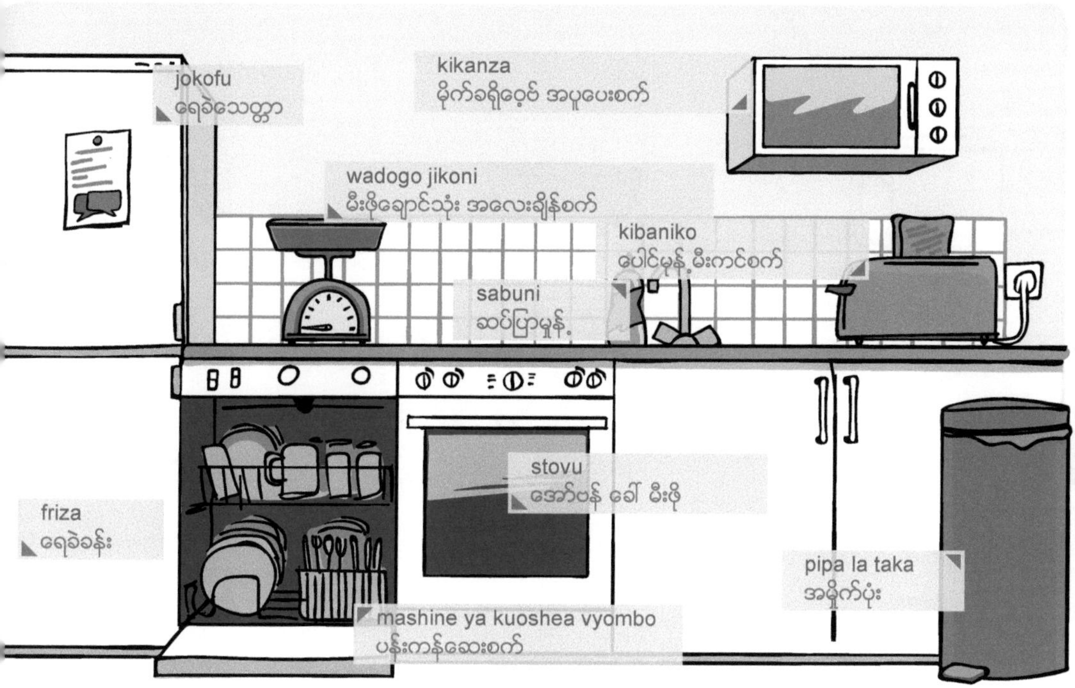

jokofu
ရေခဲသေတ္တာ
kikanza
မိုက်ခရိုဝေ့ဗ် အပူပေးစက်
wadogo jikoni
မီးဖိုချောင်သုံး အလေးချိန်စက်
kibaniko
ပေါင်မုန့် မီးကင်စက်
sabuni
ဆပ်ပြာမှုန့်
stovu
အော်ပန် ခေါ် မီးဖို
friza
ရေခဲခန်း
pipa la taka
အမှိုက်ပုံး
mashine ya kuoshea vyombo
ပန်းကန်ဆေးစက်

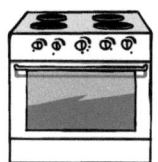

jiko la kupika
လျှပ်စစ် ချက်ပြုတ်အိုး

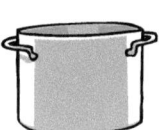

chungu
အိုး

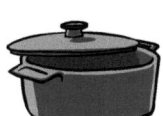

sufuria ya chuma
သံအိုးကြီး

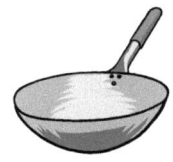

wok / kadai
မွှေကြော်သည့် ဒယ်အိုးကြီး / ကာဒိုင်း

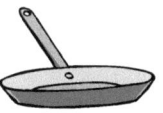

kaango
ဒယ်အိုး

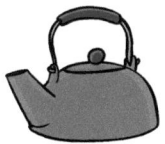

birika
ရေနွေးတည်သည့်အိုး

stima

ပေါင်းစက်

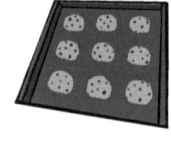

sinia ya kuoka

မုန့်ဖုတ်သည့် ပန်း

vyombo vya udongo

ကြွေပန်းကန်ပြား ခွက်ယောက်

kombe

မတ်ခွက်

bakuli

ဇလုံပန်းကန်

vijiti vya kulia

အစာစားသည့်တူများ

ukawa

ယောက်ချို

mwiko mpana

မွှေသည့်အတံ

burashi

ခေါက်တံ

kichujio

စစ်သည့် အရာ

chujio

စကာ

mbuzi

ခြစ်သည့်ကိရိယာ

chokaa

ပြွင်ဆုံ

barbeque

ဘာဘီကျူးကင်

moto wazi

ထင်းမီးဖို

ubao wa majaribio

စင်းနီးတုံး

kijiti cha kusukuma unga

လည်နေသောပင်

kizibuo

ဖော့ဆို့

kopo

သံဗူး

inaweza kopo

သံဗူးဖောက်တံ

kishikio cha chungu

အိုးတင်သည့်အရာ

karo

ရေဆေးသည့် နေရာ

brashi

စုပ်တံ

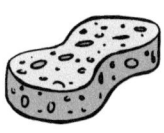

sifongo

ရေမြှုပ်

kisagaji matunda

မွှေသည့်စက်

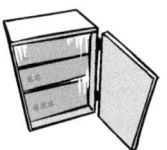

friji ya kina

အေးခဲသည့် ရေခဲခန်း

chupa ya mtoto

ကလေးနို့ဗူး

bomba

ရေပိုက်ခေါင်း

jikoni - မီးဖိုချောင်

bafu
ရေချိုးခန်း

joto
အပူပေးခြင်း
taulo
မျက်နှာသုတ်ပုဝါ
mfereji wa kuogea
ရေပန်း
pazia la kuogea
ရေချိုးခန်းကန့်လန့်ကာ
maji ya kuoga yenye povu
ရေစိမ်ချိုးရန် ရေမြှုပ်ဆပ်ပြာရည်
hodhi
ရေစိမ်ချိုးသည့်ကန်
glasi
ရေသောက်ဖန်ခွက်
mashine ya kuosha
အဝတ်လျှော်စက်
bomba
ရေပိုက်ခေါင်း
vigae
ကျောက်ပြားများ
poti
အပေါ့အလေး စွန့်သည့်အိုး
karo
ရေဆေးသည့် နေရာ

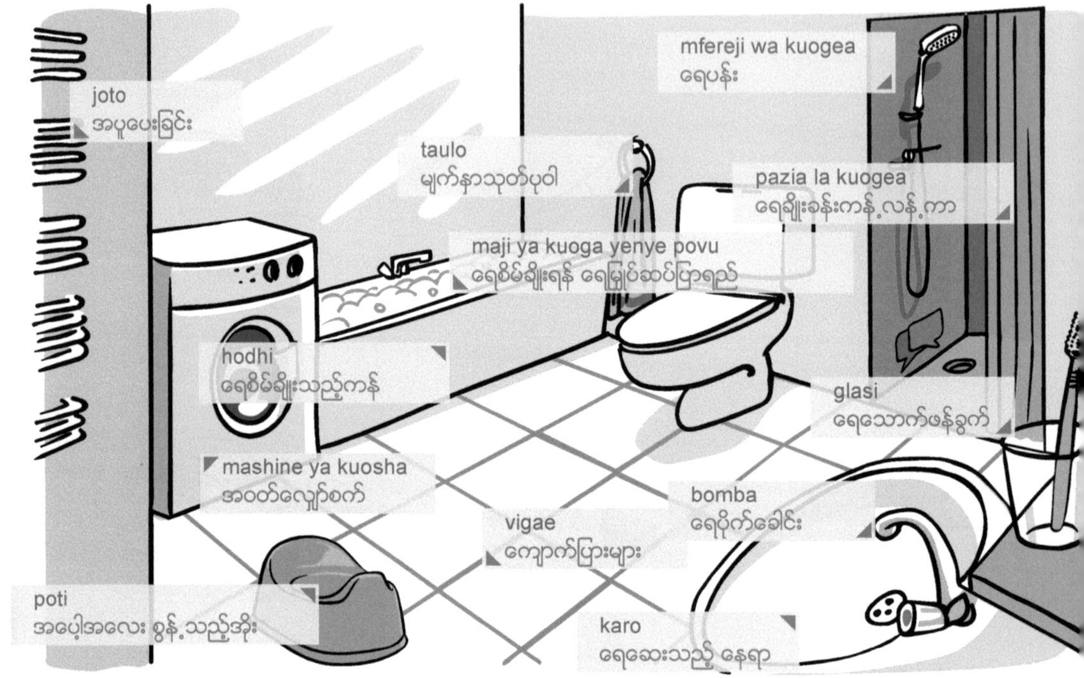

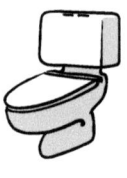

choo

အိမ်သာ

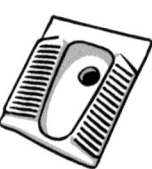

choo cha squat

ဆောင့်ကြောင့်ထိုင်ရသည့် အိမ်သာ

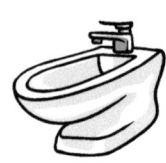

beseni la mviringo

အမျိုးသမီးသုံး အောက်ပိုင်းဆေးသည့် ကမုတ်

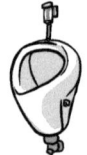

choo cha umma

အမျိုးသား ဆီးသွားသည့်ကမုတ်

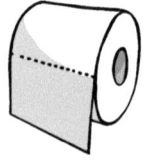

shashi

အိမ်သာသုံး စက္ကူ

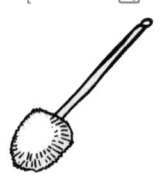

brashi ya choo

အိမ်သာတိုက် ဘရပ်ရှ်

mswaki

သွားတိုက်တံ

dawa ya meno

သွားတိုက်ဆေး

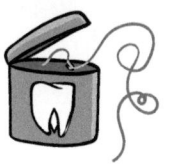

dawa ya meno

သွား ချေးထုတ်သည့် ကြိုး

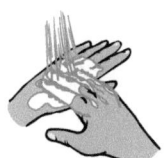

safisha

ဆေးကြောသည်

kuoga mkono

လက်ကိုင် ရေပန်း

msukumo wa maji

ရေပန်းဖြင့်ရေချိုးခြင်း

bonde

ရေအင်တုံ

mpako wa pili

နောက်ကျော ချေးတွန်းသည့်
ဘရပ်ရှ်

sabuni

ဆပ်ပြာ

jeli ya kuogea

ရေချိုးဆပ်ပြာရည်

shampuu

ခေါင်းလျှော်ရည်

flana

ဖလန်နယ်စ

toa maji

ရေထွက်ပေါက်

krimu

ခရင်မ်

kiondoa harufu

ဒီအော်ဒရန့် ခေါ်
ကိုယ်လိမ်းအမွှေးနံ့သာ

kioo

မှန်

kioo mkono

လက်ကိုင်မှန်

kinyozi

မုတ်ဆိတ်ရိတ်တံ

povu la kunyoa

မုတ်ဆိတ်ရိတ်ရန် အမြှုပ်

baada ya kunyoa

မုတ်ဆိတ်ရိတ်ပြီး
လိမ်းသည့်အမွှေးနံ့သာ

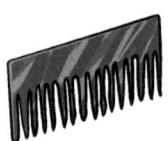

kichana

ခေါင်းဘီး

brashi

ဘရပ်ရှ်

kikausha nywele

ဆံပင်ခြောက်စက်

marashi ya nyewele

ဆံပင်ဖြန်းဆေး

vipodozi

မိတ်ကပ်

kidomwa

နှုတ်ခမ်းဆိုးဆေး

varnish ya msumari

လက်သည်းဆိုးဆေး

pamba

ဝွမ်းလုံး

mkasi wa kucha

လက်သည်းညှပ် ကပ်ကြေး

manukato

ရေမွှေး

mkoba wa kuosha

ရေချိုးခန်းသုံး အိတ်

kinyesi

ခွေးခြေ

mizani

ကိုယ်အလေးချိန်တိုင်းသည့်စက်

nguo ya kuoga

ရေချိုးပြီး ဝတ်သည့်ဝတ်ရုံ

glavu za mpira

ရာဘာ လက်အိတ်များ

kisodo

တန်ပွန် ခေါ် ဓမ္မတာလာစဉ် မိန်း
မကိုယ်တွင်းထည့်သည့်အရာ

sodo

အမျိုးသမီး လစဉ်သုံးပုဝါစ

kemikali choo

ဓာတုပစ္စည်းထည့်သုံးသည့်
အိမ်သာ

chumba ya mtoto
ကလေး အခန်း

saa ya kengele
နှိုးစက်
kidoli cha kupakata
ဖက်အိပ်သည့်အရုပ်
gari bandia
အရုပ်ကား
kelele
ခလောက်
chumba cha midoli
အရုပ်မအိမ်
sasa
လက်ဆောင်

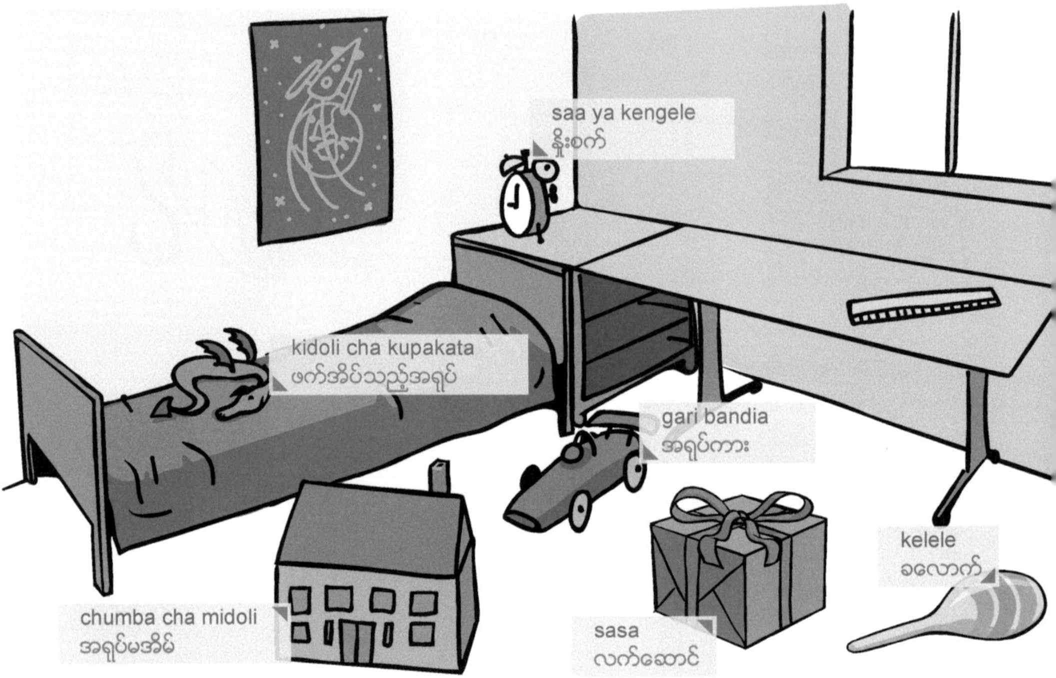

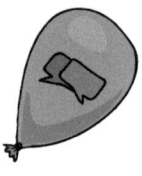

baluni

ပူဖောင်း

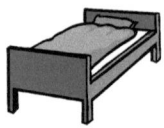

kitanda

အိပ်ယာ

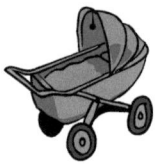

mashua

ကလေးတွန်းလှည်း

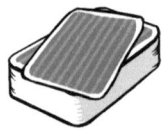

staha ya kadi

ကစားသည့်ကတ်ထုပ်

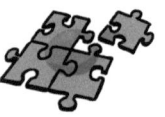

mchezo-fumb

ဂျစ်ဆော ခေါ်
ဆက်၍ကစားသည့်
အပိုင်းအစများ

SUPER
MEGA

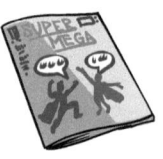

vichekesho

ရုပ်ပြစာအုပ်

matofali lego

ဆောက်၍ကစားသည့် လေဂို
အတုံးများ

vitalu mwigo

ဆောက်၍ကစားသည့်
အတုံးများ

hatua takwimu

လှုပ်ရှားလုပ်ကိုင်သူ

suti ya kulalia

ဘောဘီဂရိုး

kisahani

ဖရစ်ဘီး ခေါ် ပစ်၍ ကစားသည့်
အပြား

simu

ရွှေ့လျားနိုင်သော

ubao wa michezo

ဘုတ်ပြားပေါ် တွင် ကစားနည်း

kete

အံစာတုံး

garimoshi mwigo

ကစားစရာ ရထား အစုံမော်ဒယ်

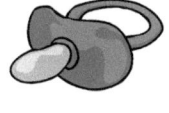

dummy

အရုပ်

chama

ပါတီ

picha kitabu

ရုပ်ပြစာအုပ်

mpira

ဘောလုံး

kikaragosi

အရုပ်မ

kucheza

ကစားသည်

shimo la mchanga
ကစားသည့် သဲပုံး

bembea
ဒန်း

vitu bandia
အရုပ်များ

kiweko cha video ya mchezo
ဗွီဒီယိုဂိမ်းကစားသည့် စက်

baiskeli ya magurudumu
သုံးဘီး စက်ဘီး
matatu

mwanasesere
တက်ဒီ ဝက်ဝံရုပ်

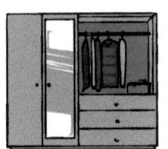

kabati
အဝတ်ဗီရို

nguo

အဝတ်အစား

soksi
ခြေအိတ်များ

stokingi
အမျိုးသမီးဝတ် ခြေအိတ်ရှည်

kibano
အမျိုးသမီး ခြေအိတ်အကြပ်

skafu
ပုဝါ

mwavuli
ထီး

fulana
တီရှပ်

ukanda
ခါးပတ်

viatu
ဘွတ်ဖိနပ်များ

ndara
ခြေညှပ်ဖိနပ်များ

wakufunzi
အားကစားဖိနပ်များ

malapa
ခြေစွပ် နောက်ပိတ်ဖိနပ်

viatu
ရှူးဖိနပ်များ

mabuti ya mpira
ရာဘာ ဘွတ်ဖိနပ်များ

suruali ya ndani
အောက်ခံ အဝတ်များ

sidiria
ဘရာဇီယာ

fulana
အပေါ်ထပ် လက်ပြတ်အကျီ

mwili

ကိုယ်ခန္ဓာ

suruali

ဘောင်းဘီရှည်

dangirizi

ဂျင်းဘောင်းဘီ

sketi

စကပ်

blauzi

ဘလောက်စ်အင်္ကျီ

shati

ရှပ်အင်္ကျီ

vuta

ခေါင်းစွပ်အင်္ကျီ

sweta

ခေါင်းစွပ်ပါ အင်္ကျီ

bleza

ဘလေဇာကုတ်အင်္ကျီ

jaketi

ဂျက်ကတ်အင်္ကျီ

koti

ကုတ်အင်္ကျီ

koti la mvua

မိုးကာ ကုတ်အင်္ကျီ

maleba

ဝတ်စုံ

gauni

ဂါဝန်

mavazi ya harusi

လက်ထပ် ဝတ်စုံ

suti
အနောက်တိုင်းဝတ်စုံပြည့်

vazi la usiku
ညအိပ်အကျႌ

pajama
ညအိတ်ဝတ်စုံ

sari
ဆာရီ

skafu
ခေါင်းအုပ်ပုဝါ

kilemba
တာဘန် ခေါ် ခေါင်းပေါင်း

burka
ဘာကာခေါ်
အမျိုးသမီးခေါင်းအုပ်

kaftan
ကာ့ဖတန် ခေါ်
အမျိုးသားဝတ်ဘောင်းဘီ

abaya
အာဘာယာ ခေါ် မွတ်ဆလင်
အမျိုးသမီးဝတ်အကႌ

vazi la kuogelea
ရေကူးဝတ်စုံ

vazi la kiume la kuogelea
အဝတ်သေတ္တာ

kaptura
ဘောင်းဘီတို

teitei
အားကစားဝတ်စုံ

aproni
ခါးစည်း အဝတ်

glavu
လက်အိတ်များ

kifungo

ကြယ်သီး

glasi

မျက်မှန်

bangili

လက်ကောက်

mkufu

လည်ဆွဲ

pete

လက်စွပ်

herini

နားကပ်

kofia

ခေါင်းဆောင်း ဦးထုပ်

kiango cha koti

ကုတ်အင်္ကျီ ချိတ်

kofia

ဦးထုပ်

tai

နက်တိုင်

zipu

ဇစ်

kofia

ဟဲလ်မက်ခေါ် ခေါင်းဆောင်း

kanda za suruali

သွားထိန်းများ

sare za shule

ကျောင်းဝတ်စုံ

sare

ယူနီဖောင်းဝတ်စုံ

bibu
....
သွားရည်ခံ

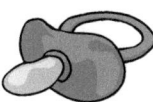

dummy
....
အရုပ်

nepi
....
ကလးအနှီး

ofisi
ရုံးခန်း

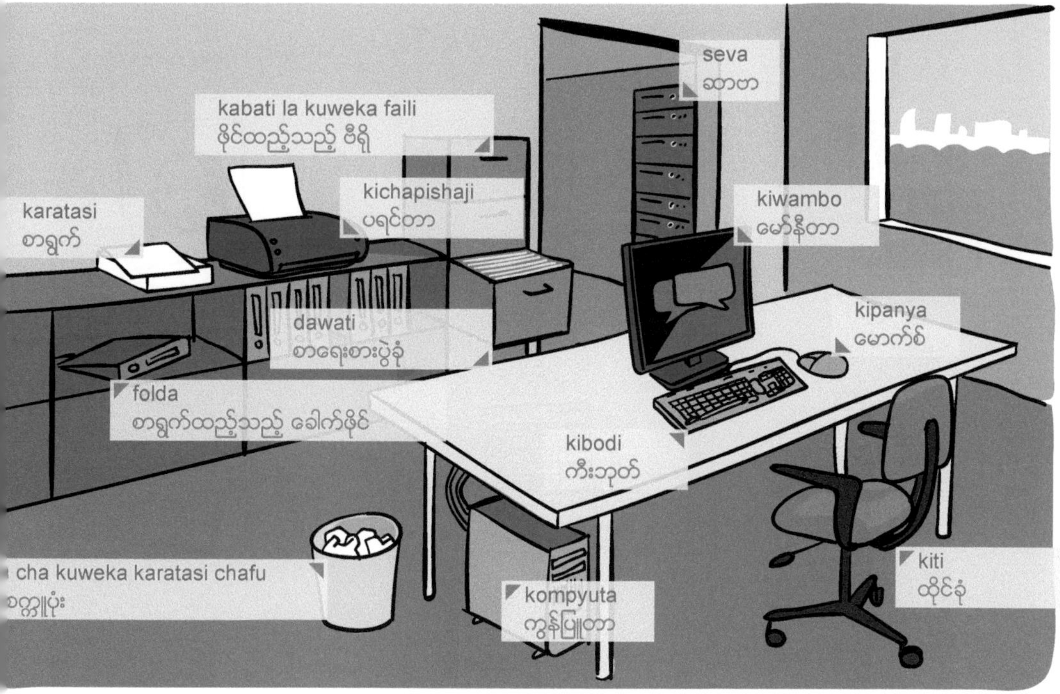

seva
ဆာဗာ

kabati la kuweka faili
ဖိုင်ထည့်သည့် ဗီရို

kichapishaji
ပရင်တာ

kiwambo
မော်နီတာ

karatasi
စာရွက်

dawati
စာရေးစားပွဲခုံ

kipanya
မောက်စ်

folda
စာရွက်ထည့်သည့် ခေါက်ဖိုင်

kibodi
ကီးဘုတ်

cha kuweka karatasi chafu
အမှိုက်ပုံး

kompyuta
ကွန်ပြူတာ

kiti
ထိုင်ခုံ

kmobe la kahawa
....
ကော်ဖီ မတ်ခွက်

kikokotoo
....
ဂဏန်းတွက်စက်

biashara
....
အင်တာနက်

mbali

ပေါင်ပေါ်တင်ရှိက်နိုင်သည့်
ကွန်ပျူတာ

barua

စာ

ujumbe

မက်ဆေ့ချ်

rununu

မိုဘိုင်းဖုန်း

intaneti

ကွန်ရက်

fotokopia

မိတ္တူကူးစက်

programu

ဆော့ဖ်ဝဲရ်

simu

တယ်လီဖုန်း

soketi

ပလပ်ပေါက်

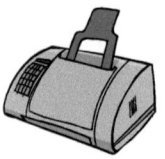

kipepesi

ဖက်စ်ပို့သည့် စက်

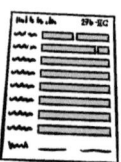

fomu

ပုံစံ

hati

စာရွက်စာတမ်း

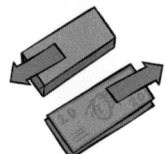

kununua

ဝယ်ယူသည်

kulipa

ပေးအပ်သည်

biashara

ကုန်သွယ်သည်

fedha

ပိုက်ဆံ

dola

ဒေါ်လာ

yuro

ယူရိုငွေ

yeni

ယန်းငွေ

rouble

ရူဘယ်ငွေ

faranga ya Uswisi

ဆွစ်ဇာလန်နိုင်ငံသုံးငွေ

renminbi yuan

ရမ်မင်ဘီ ယွမ်

rupia

ရူပီး

eneo la kulipia

ငွေချေသည့်နေရာ

ofisi ya ubadilishanaji

ငွေလဲဌာန

dhahabu

ရွှေ

fedha

ငွေ

mafuta

ဆီ

nishati

စွမ်းအင်

bei

ဈေးနှုန်း

mkataba

စာချုပ်

kodi

အခွန်

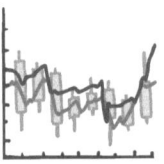

bidhaa

စတော့ဈေးကွက်

kazi

အလုပ်လုပ်သည်

mfanyakazi

ဝန်ထမ်း

mwajiri

အလုပ်ရှင်

kiwanda

စက်ရုံ

duka

ဆိုင်

kazi
အလုပ်အကိုင်များ

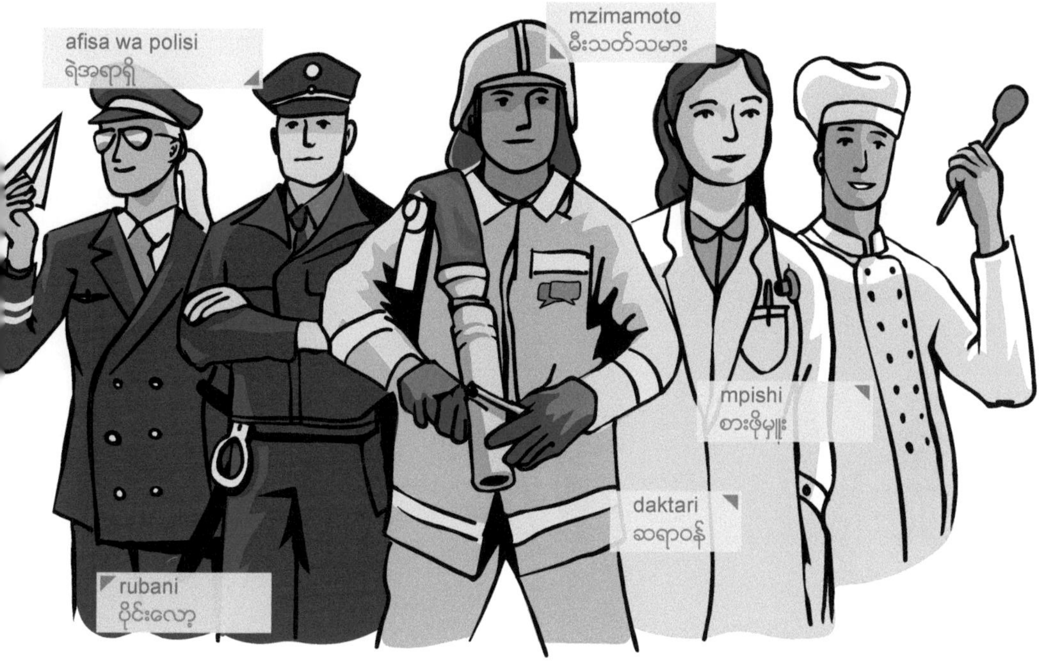
afisa wa polisi
ရဲအရာရှိ
mzimamoto
မီးသတ်သမား
mpishi
စားဖိုမှူး
daktari
ဆရာဝန်
rubani
ပိုင်းလော့

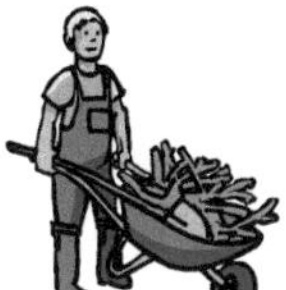

mtunza bustani
....
မာလီ

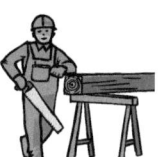

seremala
....
လက်သမား

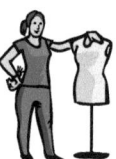

mshonaji
....
စက်ချုပ်သူ

hakimu
....
တရားသူကြီး

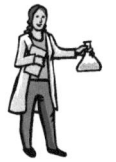

mwanakemia
....
ဓာတုဗေဒပညာရှင်

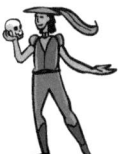

muigizaji
....
သရုပ်ဆောင်

dereva wa basi

ဘတ်စ်ကားမောင်းသမား

dereva wa teksi

တက္ကစီမောင်းသူ

mvuvi

ငါးဖမ်းသမား

mwanamke wa kusafisha

သန့်ရှင်းရေး အလုပ်သမ

mwezekaji

အမိုးပြင်သူ

mhudumu

စားပွဲထိုး

mwindaji

အမဲလိုက်မုဆိုး

mchoraji

ဆေးသုတ်သမား သို့ မဟုတ်
ပန်းချီဆရာ

mwokaji

မုန့်ဖုတ်သမား

umeme

လျှပ်စစ်ပညာရှင်

mjenzi

ဆောက်လုပ်ရေးသမား

mhandisi

အင်ဂျင်နီယာ

mchinjaji

သားသတ်သမား

fundi bomba

ပိုက်ဆက်ဆရာ

mwanaposta

စာပို့သမား

mwanajeshi

စစ်သား

msanifu majengo

ဗိသုကာပညာရှင်

keshia

ငွေကိုင်

muuza maua

ပန်းပညာရှင်

msusi

ဆံပင်အလှပြင်သူ

kondakta

လက်မှတ်စစ်

mekanika

စက်ပြင်ဆရာ

nahodha

ကပ္ပတိန်

daktari wa meno

သွားဘက်ဆိုင်ရာ ဆရာဝန်

mwanasayansi

သိပ္ပံပညာရှင်

rabbi

ရာဘိုင်

imamu

မွတ်ဆလင် တရားဟောဆရာ

mtawa

ဘုန်းကြီး

kasisi

တရားဟောဆရာ

zana
ကိရိယာ တန်ဆာပလာများ

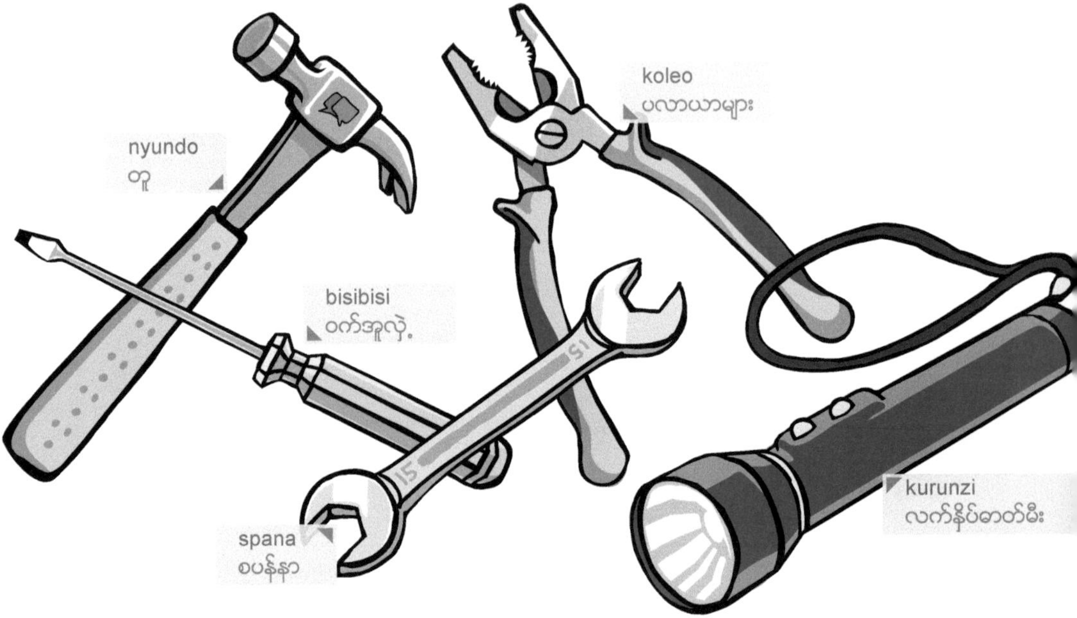
koleo
ပလာယာများ
nyundo
တူ
bisibisi
ဝက်အူလှည့်
kurunzi
လက်နှိပ်ဓာတ်မီး
spana
စပန်နာ

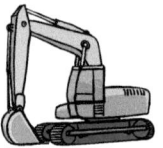

mchimbaji
မြေတူးစက်

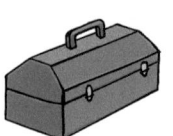

sanduku la vifaa
လက်သမားသုံးကိရိယာ
သေတ္တာ

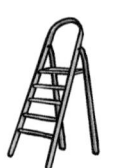

ngazi
လှေကား

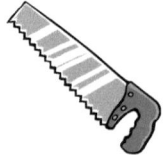

msumeno
လွှ

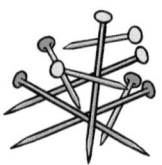

misumari
လက်သည်းများ

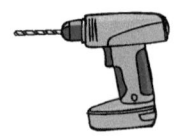

kuchimba visima
အပေါက်ဖောက်စက်

kukarabati

ပြင်ဆင်သည်

sepetu

ဂေါ်ပြား

Lo!

ချိုးတွဲမှုပဲ

kishikio cha uchafu

ဖုန်ကျုံးသည့် ဂေါ်ပြား

chungu cha rangi

ဆေးရောင်အိုး

skurubu

ဝက်အူများ

ala za muziki

ဂီတတူရိယာများ

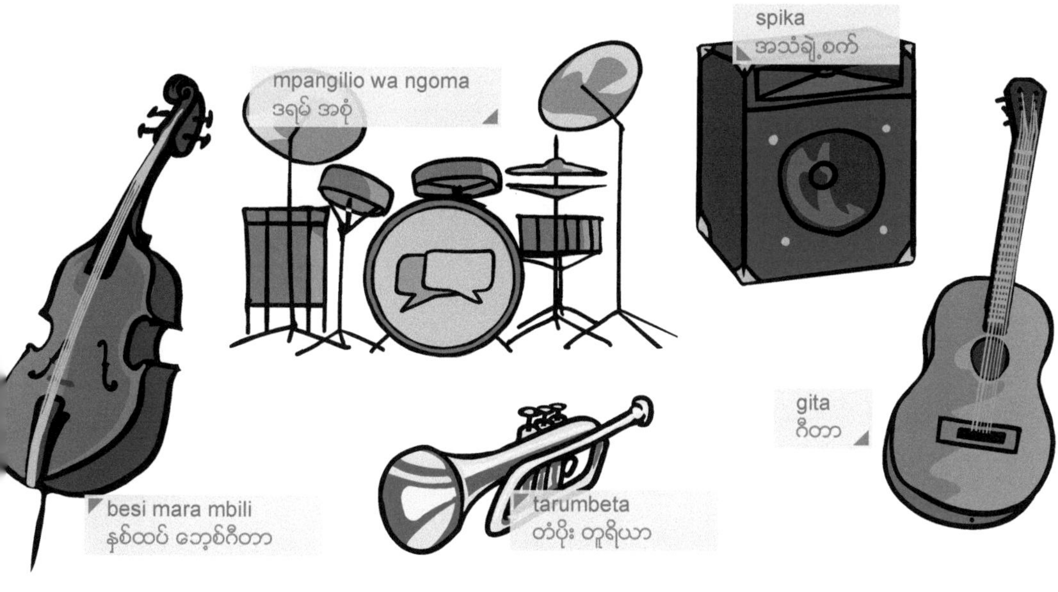

spika
အသံချဲ့စက်

mpangilio wa ngoma
ဒရမ် အစုံ

besi mara mbili
နှစ်ထပ် ဘော့စ်ဂီတာ

tarumbeta
တံပိုး တူရိယာ

gita
ဂီတာ

piano

စန္ဒယား

fidla

တယော

ubeji

ဘော့စ်ဂီတာ

timpani

နားစည်အမြေးပါး

ngoma

ဒရမ်များ

kibodi

ကီးဘုတ် တူရိယာ

saksafoni

ဆက်ဆိုဖုန်း ခေါ်
လေမှုတ်တူရိယာ

filimbi

ပုလွေ

maikrofoni

စကားပြောစက်

bustani ya wanyama
တိရိစ္ဆာန်ရုံ

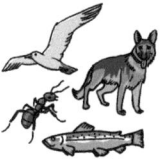

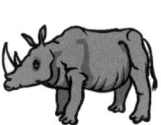

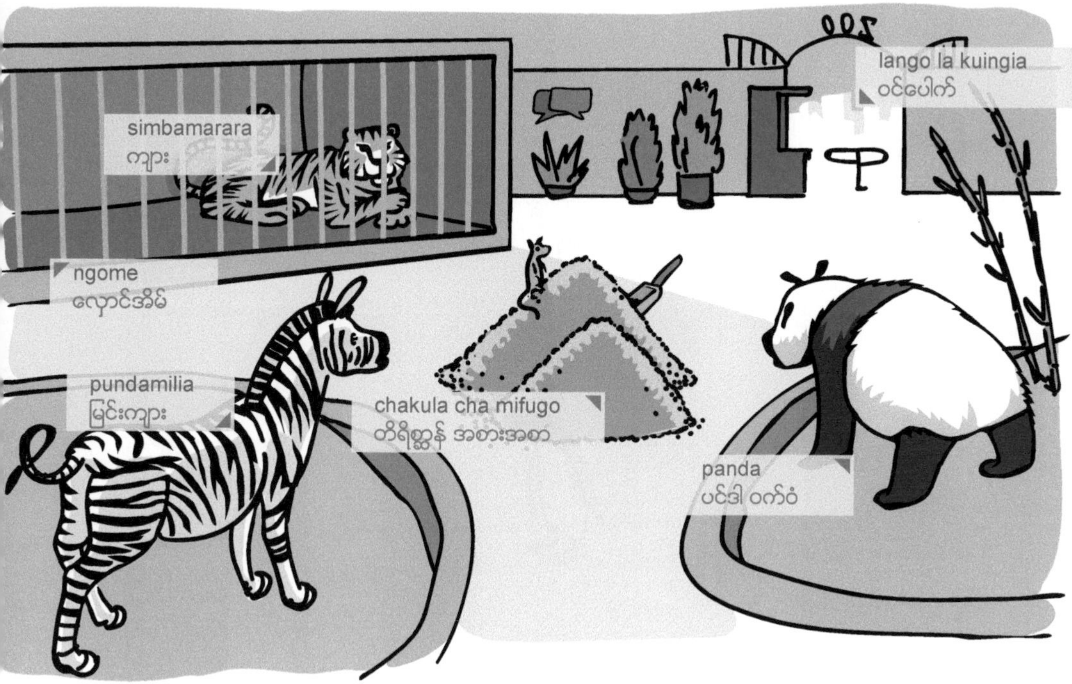
ZOO
lango la kuingia
ဝင်ပေါက်
simbamarara
ကျား
ngome
လှောင်အိမ်
pundamilia
မြင်းကျား
chakula cha mifugo
တိရိစ္ဆာန် အစားအစာ
panda
ပင်ဒါ ဝက်ဝံ

wanyama

တိရိစ္ဆာန်များ

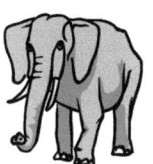

tembo

ဆင်

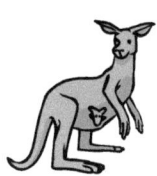

kangaruu

သားပိုက်ကောင်

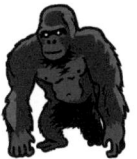

kifaru

ကြံ့

sokwe

ဂေါ်ရီလာမျောက်

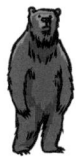

dubu

ဝက်ဝံ

ngamia

ကုလားအုတ်

mbuni

ငှက်ကုလားအုတ်

simba

ခြင်္သေ့

tumbili

မျောက်

heroe

ဖလန်မင်းဂိုးငှက်

kasuku

ကြက်တူရွေး

dubu

ပိုလာဝက်ဝံ

penguini

ပင်ဂွင်းငှက်

papa

ငါးမန်း

tausi

ဥဒေါင်းငှက်

nyoka

မြွေ

mamba

မိကျောင်း

mtunza wanyama

တိရိစ္ဆာန်ရုံ ထိန်းသိမ်းသူ

muhuri

ဖျံ

jaguar

ကျားသစ်

mwanafarasi

ပိုနီမြင်း

chui

ကျားသစ်

kiboko

ရေမြင်း

twiga

သစ်ကုလားအုတ်

tai

သိန်းငှက်

nguruwe mwitu

တောဝက်

samaki

ငါး

kobe

လိပ်

sili

ပင်လယ်ဖျံကြီး

mbweha

မြေခွေး

paa

ဦးချိုပါ သမင်ညိုတစ်မျိုး

michezo

အားကစားများ

soka ya marekani
အမေရိကန် ဖွတ်ဘော
uendeshaji baiskeli
စက်ဘီးစီးခြင်း
tenisi
တင်းနစ်ရိုက်ခြင်း
mpira wa kikapu
ဘတ်စကက်ဘော
kuogelea
ရေကူးခြင်း
ndondi
လက်ဝှေ့
magongo ya barafuni
ရေခဲပြင် ဟော်ကီ

soka
ဘောလုံးကန်ခြင်း

vinyoya
ကြက်တောင်ရိုက်ခြင်း

riadha
ကိုယ်လက်လှုပ်ရှား အားကစားများ

mpira wa mikono
ဟန်းဒ်ဘော ခေါ် လက်ပစ်ဘော

skii
နှင်းလျှောစီးခြင်း

polo
ပိုလို

shughuli
လုပ်ရှားမှုများ

kuruka
ခုန်သည်
kumbatia
ပွေ့ဖက်သည်
cheka
ရယ်မောသည်
kutembea
လမ်းလျှောက်သည်
kuimba
သီချင်းဆိုသည်
ota ndoto
အိပ်မက်သည်
kuomba
ဆုတောင်းသည်
busu
နမ်းရှုပ်သည်

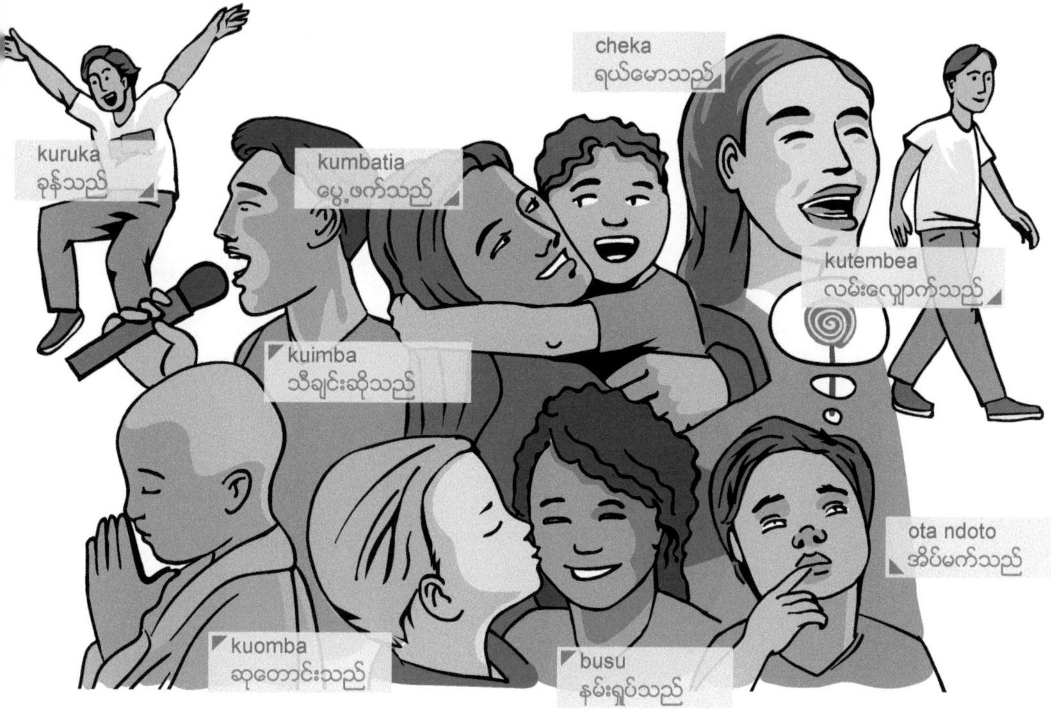

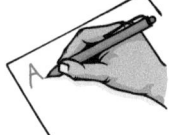

kuandika

စာရေးသည်

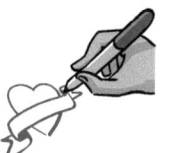

kuteka

ရေးဆွဲသည်

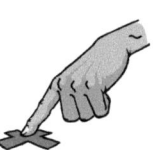

angalia

ပြသသည်

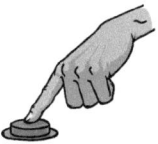

sukuma

တွန်းသည်

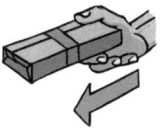

kutoa

ပေးသည်

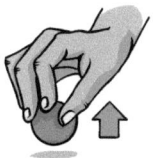

kuchukua

ယူသည်

kuwa

ရှိသည်

fanya

ပြုလုပ်သည်

kuwa

ဖြစ်သည်

kusimama

မတ်တပ်ရပ်သည်

kukimbia

ပြေးသည်

vuta

ဆွဲသည်

kutupa

ပစ်သည်

kuanguka

လဲကျသည်

hadaa

လိမ်လည်သည်

kusubiri

စောင့်ဆိုင်းသည်

kubeba

သယ်ဆောင်သည်

kukaa

ထိုင်သည်

vaa nguo

အဝတ်အစားဝတ်သည်

usingizi

အိပ်သည်

kuamka

အိပ်ယာမှ ထသည်

kuangalia

တစ်ခုခုကို ကြည့်ရှုသည်

lia

ငိုသည်

kiharusi

ပွတ်သပ်သည်

chana nywele

ဘီးဖီးသည်

ongea

စကားပြောသည်

kuelewa

နားလည်သည်

kuuliza

မေးသည်

kusikiliza

နားထောင်သည်

kunywa

သောက်သည်

kula

စားသည်

nadhifisha

သပ်ရပ်အောင်လုပ်သည်

upendo

ချစ်သည်

mpishi

ချက်ပြုတ်သည်

gari

မောင်းသည်

kuruka

ပျံသန်းသည်

meli
ရွက်လွှင့်သည်

kokotoa
တွက်ပါ

kusoma
ဖတ်သည်

kujifunza
သင်ယူသည်

kazi
အလုပ်လုပ်သည်

kuoa
လက်ထပ်သည်

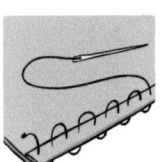

kushona
အပ်ချုပ်သည်

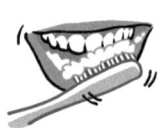

piga mswaki
သွားတိုက်သည်

kuua
သတ်သည်

moshi
ဆေးလိပ်သောက်သည်

kutuma
ပို့သည်

bibi
အဖွား

babu
အဖိုး

baba
ဖခင်

mama
မိခင်

mtoto
ကလေး

binti
သမီး

bin
သား

mgeni

ဧည့်သည်

shangazi

အဒေါ်

mjomba

ဦးလေး

kaka

အစ်ကို

dada

အစ်မ

mwili
ကိုယ်ခန္ဓာ

paji la uso
နဖူး
jicho
မျက်လုံး
bega
ပုခုံး
kidole
လက်ချောင်း
uso
မျက်နှာ
kidevu
မေးစေ့
mkono
လက်
mguu
ခြေသလုံး
matiti
ရင်သား
mkono
လက်မောင်း

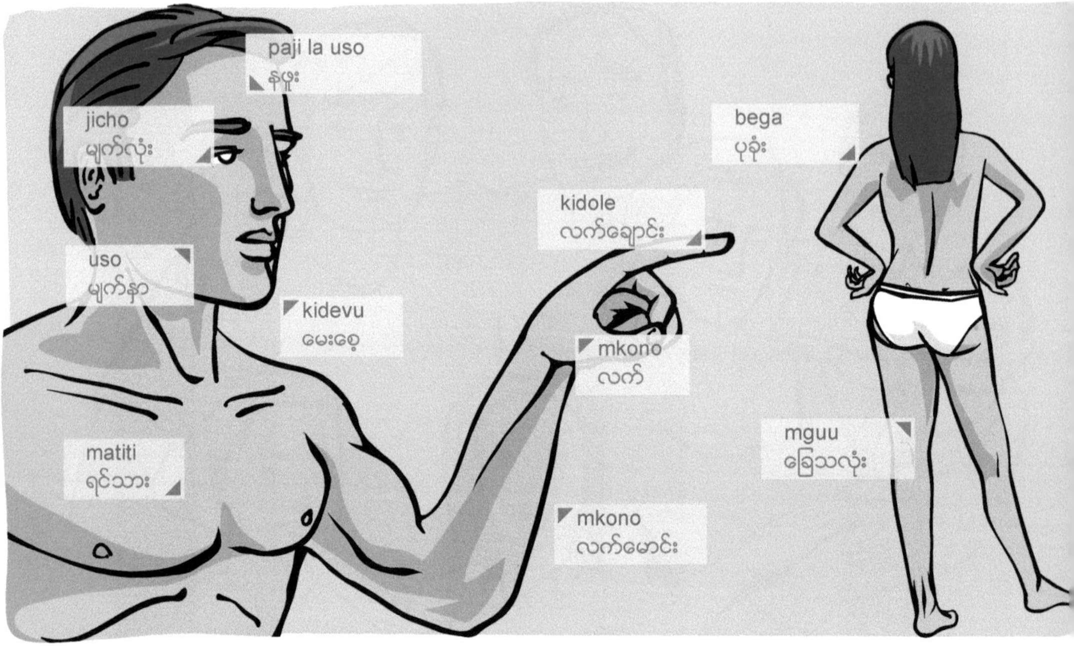

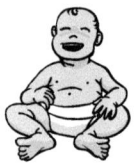

mtoto

ကလေး

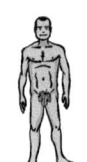

mwanamume

ယောက်ျားကြီး

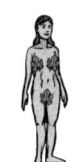

mwanamke

အမျိုးသမီးကြီး

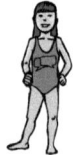

msichana

မိန်းကလေး

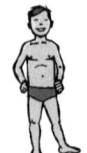

mvulana

ယောက်ျားလေး

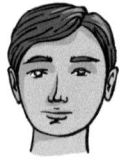

kichwa

ဦးခေါင်း

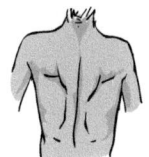

nyuma

နောက်ကျော

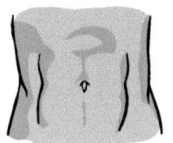

tumbo

ဝိုက်

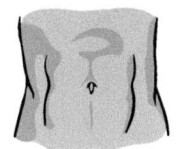

kitovu

ချက်

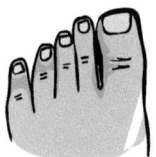

chano

ခြေချောင်း

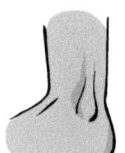

kisigino

ဖနောင့်

mfupa

အရိုး

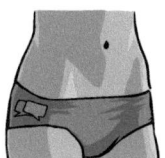

nyonga

တင်ရိုး

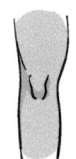

goti

ဒူးခေါင်း

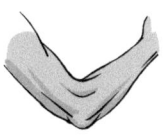

kiwiko

တံတောင်ဆစ်

pua

နာခေါင်း

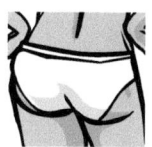

chini

တင်ပါး

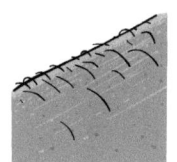

ngozi

အရေပြား

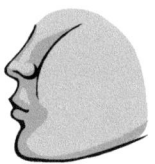

shavu

ပါးပြင်

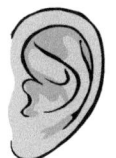

sikio

နား

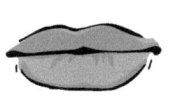

mdomo

နှုတ်ခမ်း

kinywa

ပါးစပ်

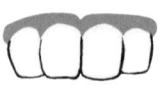

jino

သွား

ulimi

လျှာ

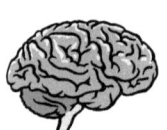

ubongo

ဦးနောက်

moyo

နှလုံး

misuli

ကြွက်သား

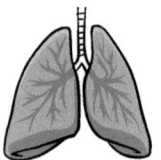

pafu

အဆုတ်

ini

အသည်း

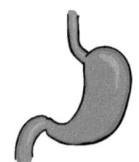

tumbo

အစာအိမ်

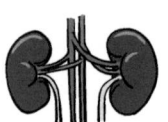

figo

ကျောက်ကပ်များ

jinsia

လိင်

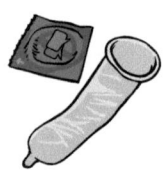

kondomu

ကွန်ဒုံး

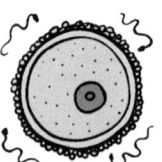

ovari

သားဥ

shahawa

သုတ်ရည်

mimba

ကိုယ်ဝန်

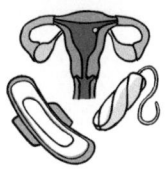

hedhi

မွတ္တာလာခြင်း

uke

မိန်းမကိုယ်

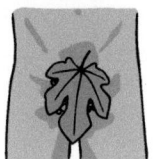

uume

လိင်တံ

unyusi

မျက်ခုံး

nywele

ဆံပင်

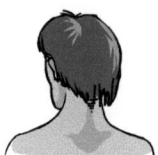

shingo

လည်ပင်း

hospitali
ဆေးရုံ

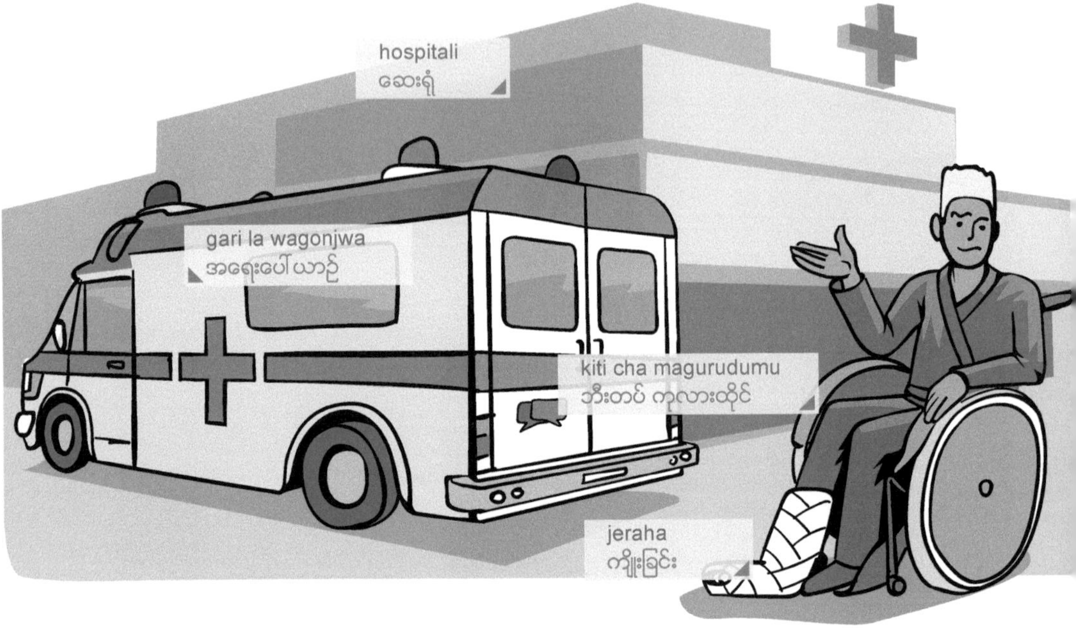

hospitali
ဆေးရုံ
gari la wagonjwa
အရေးပေါ်ယာဉ်
kiti cha magurudumu
ဘီးတပ် ကုလားထိုင်
jeraha
ကျိုးခြင်း

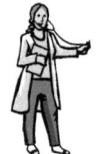

daktari
ဆရာဝန်

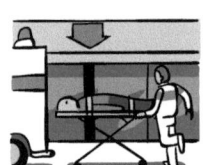

chumba cha dharura
အရေးပေါ် ဆေးကုသခန်း

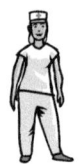

muuguzi
သူနာပြု

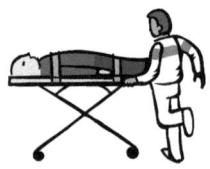

dharura
အရေးပေါ်

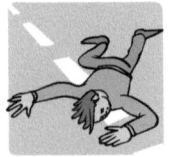

kupoteza fahamu
သတိလစ်ခြင်း

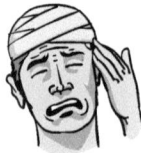

maumivu
နာခြင်း

kuumia

ဒဏ်ရာ

kutokwa na damu

သွေးယိုထွက်ခြင်း

mshtuko wa moyo

နှလုံးရပ်ခြင်း

kiharusi

လေဖြတ်ခြင်း

mzio

ဓာတ်မတည့်ခြင်း

kikohozi

ချောင်းဆိုးခြင်း

homa

အဖျား

mafua

တုပ်ကွေးရောဂါ

kuharisha

ဝမ်းပျက်ဝမ်းလျှောခြင်း

maumivu ya kichwa

ခေါင်းကိုက်ခြင်း

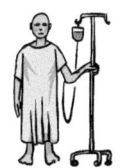

kansa

ကင်ဆာရောဂါ

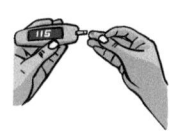

ugonjwa wa kisukari

ဆီးချိုရောဂါ

daktari mpasuaji

ခွဲစိတ်ဆရာဝန်

kisu kidogo cha kupasulia

ခွဲစိတ်ခန်းသုံးဓါးပါး

operesheni

ခွဲစိတ်ခြင်း

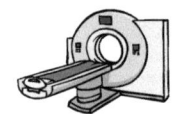

picha changanufu ya mwili

စီတီ

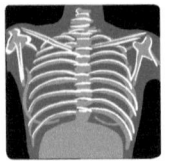

Eksrei

ဓာတ်မှန်

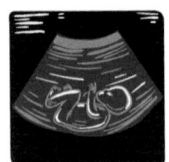

mawimbi sauti

အာထရာဆောင်း

barakoa ya uso

မျက်နှာဖုံး

ugonjwa

ရောဂါ

chumba cha kusubiri

စောင့်ဆိုင်းရန် အခန်း

mkongojo

ချိုင်းထောက်

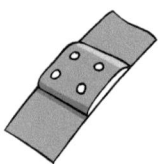

plasta

ပလာစတာ

bendeji

ပတ်တီး

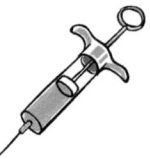

sindano

ထိုးဆေး

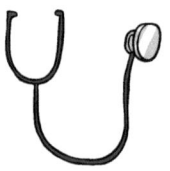

stetoskopu

နားကြပ်

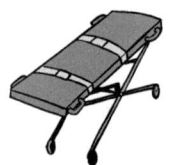

machela

လူနာတင်ထမ်းစင်

kipimajoto cha kliniki

ကုသရေးပိုင်းသုံး
အပူချိန်တိုင်းသာမိုမီတာ

kuzaliwa

မွေးဖွားခြင်း

unene kupita kiasi

အဝလွန်ခြင်း

kusikia misaada

နားကြားကိရိယာ

kipukusi

ပိုးသတ်ဆေး

maambukizi

ရောဂါကူးစက်ခြင်း

virusi

ဗိုင်းရပ်စ်ပိုး

VVU / UKIMWI

အိတ်ရှ်အိုင်ဗွီ /
အေအိုင်ဒီအက်စ်

dawa

ဆေးဝါး

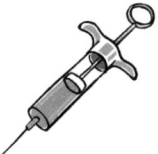

chanjo

ကာကွယ်ဆေးထိုးခြင်း

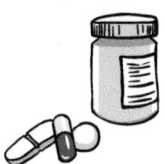

vidonge

ဆေးလုံးများ

kidonge

ဆေးလုံး

simu ya dharura

အရေးပေါ် ဖုန်းခေါ် ဆိုမှု

haemodainamometa

သွေးဖိအား စောင့်ကြည့်သည့်
ကိရိယာ

mgonjwa / mwenye afya

နာမကျန်းသော / ကျန်းမာသော

Msaada!

ကူညီကြပါ။

kengele

အရေးပေါ် ခေါင်းလောင်း

pigo

ရိုက်နက်သည်

shambulizi

တိုက်ခိုက်သည်

hatari

အန္တရာယ်

lango la dharura

အရေးပေါ်ထွက်ပေါက်

Moto!

မီး။

kizima moto

မီးသတ်ဗူး

ajali

မတော်တဆဖြစ်ရပ်

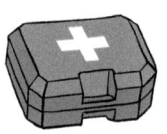

vifaa vya huduma ya
kwanza

ကြက်ခြေနီ ဆေးပုံး

wito wa msaada

အက်စ်အိုအက်စ်

polisi

ရဲ

Ulaya

ဥရောပတိုက်

Amerika ya Kaskazini

မြောက်အမေရိကတိုက်

Amerika ya Kusini

တောင်အမေရိကတိုက်

Afrika

အာဖရိကတိုက်

Asia

အာရှတိုက်

Australia

သြစတြေးလျှတိုက်

Atlantiki

အတ္တလန္တိတ် သမုဒ္ဒရာ

Pasifiki

ပစိဖိတ် သမုဒ္ဒရာ

Bahari ya Hindi

အိန္ဒိယ သမုဒ္ဒရာ

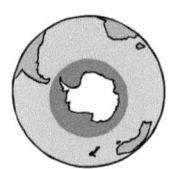

Bahari ya Antaktiki

အန္တာတိတ် သမုဒ္ဒရာ

Bahari ya Aktiki

အာတိတ် သမုဒ္ဒရာ

Ncha ya Kaskazini

မြောက်ဝင်ရိုးစွန်း

Ncha ya Kusini

တောင်ဝင်ရိုးစွန်း

Antaktika

အန္တာတိကတိုက်

dunia

ကမ္ဘာမြေကြီး

nchi

ကုန်းမြေ

bahari

ပင်လယ်

kisiwa

ကျွန်း

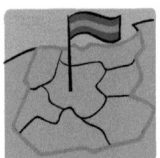

taifa

နိုင်ငံကူးလက်မှတ်

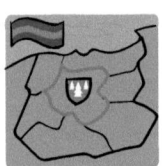

jimbo

ပြည်နယ်

dunia - ကမ္ဘာမြေကြီး

uso wa saa

နာရီမျက်နှာပြင်

akrabu ya saa

နာရီလက်တံ

akrabu ya dakika

မိနစ်လက်တံ

akrabu ya sekunde

ဒုတိယလက်တံ

Ni saa ngapi?

ဘယ်အချိန်ရှိပြီလဲ။

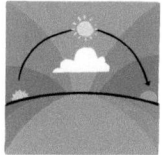

siku

ရက်

wakati

အချိန်

sasa

ယခု

saa ya dijitali

ဒစ်ဂျစ်တယ် လက်ပတ်နာရီ

dakika

မိနစ်

saa

နာရီ

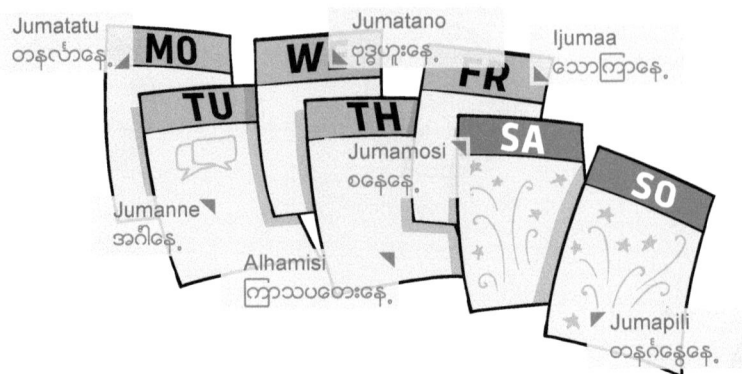

Jumatatu — တနင်္လာနေ့
Jumatano — ဗုဒ္ဓဟူးနေ့
Ijumaa — သောကြာနေ့
Jumanne — အင်္ဂါနေ့
Jumamosi — စနေနေ့
Alhamisi — ကြာသပတေးနေ့
Jumapili — တနင်္ဂနွေနေ့

jana

မနေ့က

leo

ယနေ့

kesho

မနက်ဖြန်

asubuhi

မနက်

saa sita mchana

နေ့လည်

jioni

ညနေ

MO	TU	WE	TH	FR	SA	SU
1	2	3	4	5	6	7
8	9	10	11	12	13	14
15	16	17	18	19	20	21
22	23	24	25	26	27	28
29	30	31	1	2	3	4

siku za biashara

အလုပ်လုပ်ရက်များ

MO	TU	WE	TH	FR	SA	SU
1	2	3	4	5	6	7
8	9	10	11	12	13	14
15	16	17	18	19	20	21
22	23	24	25	26	27	28
29	30	31	1	2	3	4

mwishoni mwa wiki

စနေ တနင်္ဂနွေ အားလပ်ရက်

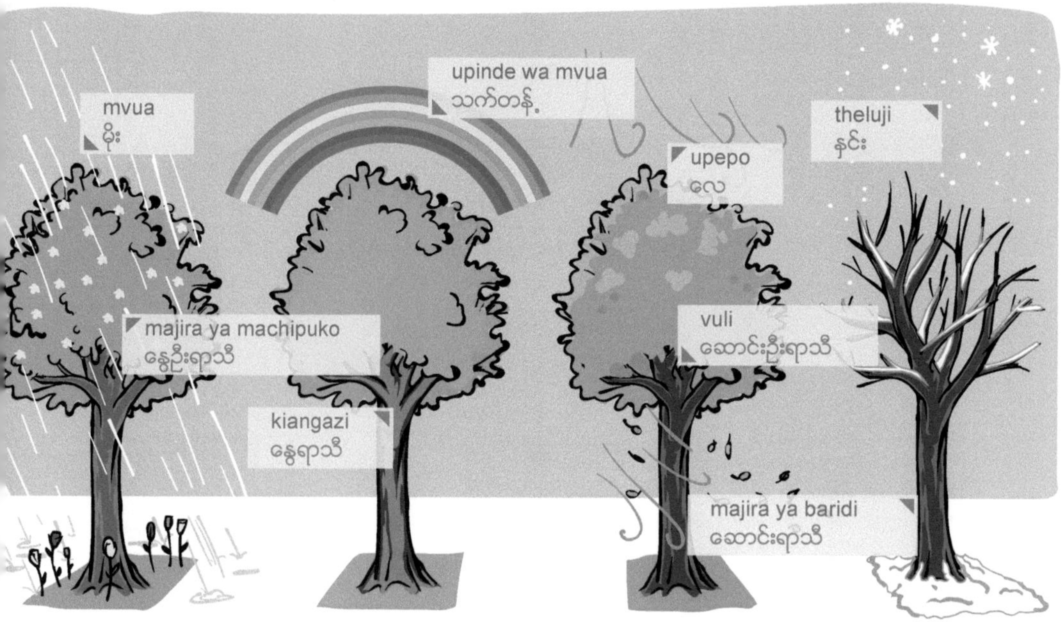

mvua
မိုး

upinde wa mvua
သက်တန့်

theluji
နှင်း

upepo
လေ

majira ya machipuko
နွေဦးရာသီ

vuli
ဆောင်းဦးရာသီ

kiangazi
နွေရာသီ

majira ya baridi
ဆောင်းရာသီ

utabiri wa hali ya hewa
လေဝသ ကြိုတင်ခန့်မှန်းချက်

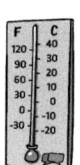

kipimajoto
အပူချိန်တိုင်း ကိရိယာ

mwanga wa jua
နေရောင်ခြည်

wingu
တိမ်

ukungu
မြူ

unyevu
စိုထိုင်းဆ

umeme

လျှပ်စီးလက်ခြင်း

radi

မိုးကြိုး

dhoruba

မုန်တိုင်း

mvua ya mawe

မိုးသီး

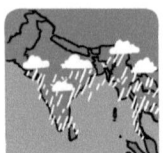

monsuni

မိုးရာသီ

mafuriko

ရေကြီးခြင်း

barafu

ရေခဲ

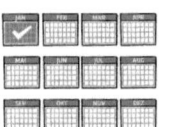

Januari

ဇန်နဝါရီလ

Februari

ဖေဖော်ဝါရီလ

Machi

မတ်လ

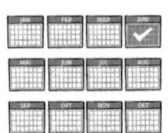

Aprili

ဧပြီလ

Mei

မေလ

Juni

ဇွန်လ

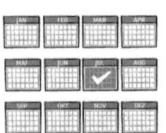

Julai

ဇူလိုင်လ

Agosti

သြဂုတ်လ

Septemba

စက်တင်ဘာလ

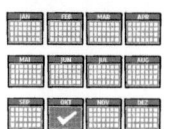

Oktoba

အောက်တိုဘာလ

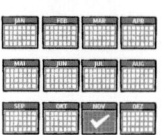

Novemba

နိုဝင်ဘာလ

Desemba

ဒီဇင်ဘာလ

maumbo

ပုံစံများ

mduara

စက်ဝိုင်း

mraba

စတုရန်း

mstatili

ထောင့်မှန်စတုဂံ

pembetatu

တြိဂံ

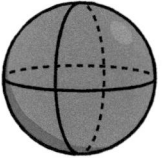

nyanja

စက်ဝန်း

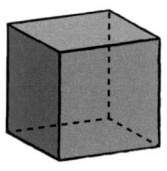

mchemraba

အတုံး

nyeupe

အဖြူရောင်

manjano

အဝါရောင်

chungwa

လိမ္မော်ရောင်

rangi ya waridi

ပန်းရောင်

nyekundu

အနီရောင်

hudhurungi

ခရမ်းရောင်

bluu

အပြာရောင်

kijani

အစိမ်းရောင်

hanja

အညိုရောင်

jivujivu

မီးခိုးရောင်

nyeusi

အနက်ရောင်

mengi / kidogo

အများအပြား / အနည်းငယ်

hasira / pole

စိတ်ဆိုးသော /
စိတ်တည်ငြိမ်သော

nzuri / mbaya

လှပသော / ရုပ်ဆိုးသော

mwanzo / mwisho

အစ / အဆုံး

kubwa / ndogo

အကြီးသော / အငယ်

angavu / giza

တောက်ပသော / မှောင်မဲသော

kaka / dada

ညီအစ်ကို / ညီအစ်မ

safi / chafu

သန့်ရှင်းသော / ညစ်ပတ်သော

kamilika / tokamilika

ပြည့်စုံသော / မပြည့်စုံသော

siku / usiku

နေ့ / ည

wafu / hai

သေသော / ရှင်သော

pana / nyembamba

ကျယ်သော / ကျဉ်းသော

kulika / kutolika

စားသုံးနိုင်သော /
မစားသုံးနိုင်သော

ovu / ema

စိတ်ယုတ်သော / ကြင်နာသော

sisimkwa / udhika

စိတ်လှုပ်ရှားဖွယ် / ပျင်းရိဖွယ်

nene / nyembamba

ဝသော / ပိန်သော

kwanza / mwisho

ပထမ / နောက်ဆုံးပိတ်

rafiki / adui

မိတ်ဆွေ / ရန်သူ

jaa / tupu

အပြည့် / ဘာမှမရှိ

ngumu / laini

မာသော / ပျော့သော

nzito / nyepesi

လေးလံသော / ပေါ့ပါးသော

njaa / kiu

ဝမ်းဆာလောင်သော / ရေဆာသော

mgonjwa / mwenye afya

နာမကျန်းသော / ကျန်းမာသော

haramu / kisheria

တရားမဝင်သော /
တရားဝင်သော

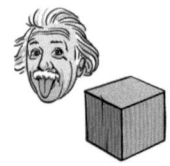

akili / kijinga

ဉာဏ်ကောင်းသော /
ထိုင်းသော

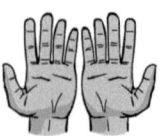

kushoto / kulia

ဘယ် / ညာ

karibu / mbali

နီးသော / ဝေးသော

mpya / kutumika

အသစ် / အသုံးပြုပြီးသား

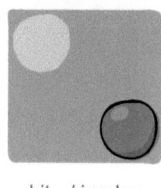

kitu / jambo

ဘာမှမရှိ / တစ်ခုခု

zee / changa

အသက်ကြီးသော / ငယ်ရွယ်သော

waka / zima

ဖွင့်သော / ပိတ်သော

wazi / fungwa

ဖွင့်သော / ပိတ်သော

utulivu / kelele

တိတ်ဆိတ် / ကျယ်လောင်

tajiri / masikini

ချမ်းသာ / ဆင်းရဲ

sahihi / kosa

အမှန် / အမှား

mbaya / laini

ကြမ်းတမ်း / ချောမွေ့

huzunika / furahia

ဝမ်းနည်း / ဝမ်းသာ

fupi /ndefu

အတို / အရှည်

polepole / haraka

အနေး / အမြန်

nyevu / kavu

စွတ်သော / ခြောက်သွေ့သော

joto / baridi

နွေးထွေးသော / အေးမြသော

vita / amani

စစ် / ငြိမ်းချမ်းရေး

0

sufuri

သုည

1

moja

တစ်

2

mbili

နှစ်

3

tatu

သုံး

4

nne

လေး

5

tano

ငါး

6

sita

ခြောက်

7

saba

ခုနစ်

8

nane

ရှစ်

9

tisa

ကိုး

10

kumi

တစ်ဆယ်

11

kumi na moja

ဆယ့်တစ်

12
kumi na mbili

ဆယ့်နှစ်

13
kumi na tatu

ဆယ့်သုံး

14
kumi na nne

ဆယ့်လေး

15
kumi na tano

ဆယ့်ငါး

16
kumi na sita

ဆယ့်ခြောက်

17
kumi na saba

ဆယ့်ခုနစ်

18
kumi na nane

ဆယ့်ရှစ်

19
kumi na tisa

ဆယ့်ကိုး

20
ishirini

နှစ်ဆယ်

100
mia

ရာ

1.000
elfu

ထောင်

1.000.000
milioni

မီလျံ

Kiingereza
အင်္ဂလိပ် ဘာသာစကား

Kiingereza cha Marekani
အမေရိကန် အင်္ဂလိပ်
ဘာသာစကား

Kimandarini cha Uchina
တရုတ် မန်ဒရင်း ဘာသာစကား

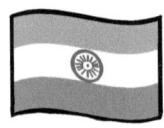

Kihindi
ဟိန္ဒူ ဘာသာစကား

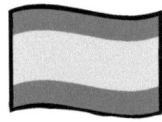

Kihispania
စပိန် ဘာသာစကား

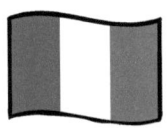

Kifaransa
ပြင်သစ် ဘာသာစကား

Kiarabu
အာရာဗီ ဘာသာစကား

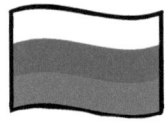

Kirusi
ရုရှ ဘာသာစကား

Kireno
ပေါ် တူဂီ ဘာသာစကား

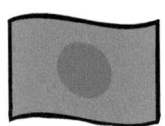

Kibengali
ဘင်္ဂါလီ ဘာသာစကား

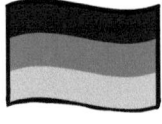

Kijerumani
ဂျာမန် ဘာသာစကား

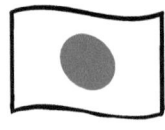

Kijapani
ဂျပန် ဘာသာစကား

mimi

ကျွန်ုပ်

wewe

သင်

yeye / yeye / ni

သူ / သူမ / ၎င်း

sisi

ကျွန်ုပ်တို့

wewe

သင်တို့

wao

သူတို့

nani?

ဘယ်သူလဲ။

nini?

ဘာလဲ။

jinsi gani?

ဘယ်လိုလဲ။

wapi?

ဘယ်နေရာလဲ။

lini?

ဘယ်အချိန်လဲ။

jina

အမည်

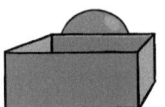

nyuma
အနောက်ဖက်

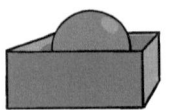

katika
အတွင်း

mbele ya
အရှေ့ဖက်

juu ya
အထက်ဖက်

kwenye
အပေါ်ဖက်

chini ya
အောက်ဖက်

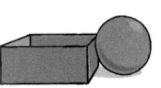

kando
ဘေးဖက်

kati
ကြား

mahali
နေရာ